Hans Magnus Enzensberger, 1929 in Kaufbeuren geboren, lebt heute in West-Berlin.

1963 erhielt er den Büchner-Preis. Gedichte: *verteidigung der wölfe; landessprache; blindenschrift; Gedichte 1955-1970.* Essays: *Einzelheiten; Politik und Verbrechen; Deutschland, Deutschland unter anderm.* Szenische Dokumentation: *Das Verhör von Habana.* Roman: *Der kurze Sommer der Anarchie. Buenaventura Durrutis Leben und Tod.* »›Man kann von den Leuten billigerweise ebensowenig prätendieren, daß sie poetisch sein, als daß sie gesund sein sollen‹ – das hat Eichendorff gesagt; einmal aber, als Kinder, müssen sie's gewesen sein: der Kinderreim bezeugt es, und bezeugt so die Allgegenwart der Poesie. Sie ist ein Lebensmittel. Der Kinderreim gehört zum poetischen Existenzminimum. Das macht sein jähes und unzerstörbares Leben aus.«

Hans Magnus Enzensberger

»Ein Buch gibt es nun, über das man lauthals und lange jubeln müßte: so rundherum schön ist es, mit so unendlich viel Liebe gemacht, mit so tiefer Herzensfreude gesammelt und geordnet und angelegt, und allem ernsten Fleiß erarbeitet, den nur reine Neigung so entfacht. Es ist das Buch: Allerleirauh.« *Die Welt* insel taschenbuch 115

Allerleirauh

Allerleirauh

Viele schöne Kinderreime
versammelt von
H. M. Enzensberger

Insel Verlag

insel taschenbuch 115
Vierte Auflage, 33.–40. Tausend 1979

Lizenzausgabe mit freundlicher Genehmigung
des Suhrkamp Verlags

Vertrieb durch den Suhrkamp Taschenbuch Verlag
Druck: Ebner Ulm
Printed in Germany

Dagrun und Tanaquil zuliebe

Sprach der König zu den Jägern „seht doch, was dort für ein Wild sich versteckt hat." Die Jäger folgten dem Befehl, und als sie wiederkamen, sprachen sie „in dem hohlen Baum liegt ein wunderliches Tier, wie wir noch niemals eins gesehen haben: an seiner Haut ist tausenderlei Pelz; es liegt aber und schläft." Sprach der König „seht zu, ob ihrs lebendig fangen könnt, dann bindets auf den Wagen und nehmts mit."

Gebrüder Grimm, Allerleirauh

ERSTE SPIELE

Kribbelmärchen

Sälzchen,
Schmälzchen,
Butterchen,
Brötchen,
Kribbelkrabbelkrötchen.

Man berührt dem Kinde die einzelnen Teile des Angesichts und spricht dazu:

Kinne Kinne Wängchen,
Möndchen Brut,
Bäckelchen rut,
Näschen sief,
Öugelchen pief,
Stirnchen platt,
Höörchen zipp zipp zapp.

Ohrenwippchen,
Nasenstippchen,
Augenbrämichen,
zupp zupp Härichen.

's kummt e Misele
ins Kindels Hisele,
macht griwwes grawwes,
griwwes grawwes!

Da kommt die Maus,
da kommt die Maus.
Klingelingeling!
Ist der Herr zuhaus?

Das Kind als Haus, das Ohrläppchen
als Türklingel. Heißt es ja, so wird der
Herr besucht; heißt es nein, so wird nach ihm gesucht.

Do kummt e Bär,
er dappt daher,
un fragt wo mi liebs Kindel wär.

Holla, holla! Es klopft.
Wer ist da?
Ein polscher Bettelmann.
Was will er?
Ein Stückchen Brot.
Ist nicht da!
Ein Stückchen Fleisch.
Ist nicht gar.
Laß mal kosten! Man küßt das Kind.

Da hast ein Taler,
geh auf den Markt,
kauf dir e Kuh
und e Kälbli dazu.
S Kälbli hat e Schwänzli:
didel didel dänzli.

Fingerspiel

Daumen buck dich,
Zeiger streck dich,
Goldner lupf dich,
Kleiner duck dich.

Lütje Finger,
golden Finger,
Langelei, Botterlicker,
Lüseknicker.

Binki, mit den Fingerspitzen stoßen
Dalli, mit dem Handrücken schlagen
Rafti, mit den Nägeln krauen
Platti, mit der flachen Hand schlagen
Fausti. mit der geballten Faust schlagen

Daume,
Laume,
Langemann,
Spielmann,
Dotz.

Des is des Kleinche,
des is des Beinche,
des is der Langhals,
des is der Dellerlecker,
des is der Läusknecker.

Handmärchen

Ich weiß ein Ding,
heißt Piepering,
kann gehn und drehn,
kann auf dem Kopf nach Hause gehn.

Man läßt beim Aufsagen den kleinen Finger
über den Tisch hinlaufen.

Däumchen,
Pfläumchen,
Äpfelchen,
Birnchen,
Nüßchen.

Einen Taler in der Hand,
kannst dir kaufen Sand und Land,
Haus und Hof, Pferd und Kuh
und ein kleines Füllen dazu.

Backe backe Köken,
Händken sünt so söten,
düsse Händken sünt so small,
as de Köken wesen schall:
Schuf in Aven!
Bäcker hett sin Fro geschlagen
mit de Schüffel up den Kopp:
Ach, wo schriit de arme Tropp!

Der ist in Brunnen gefallen,
der hat ihn wieder raus geholt,
der hat ihn ins Bett gelegt,
der hat ihn zugedeckt,
und der kleine Schelm da
hat ihn wieder aufgeweckt.

Da lauft ein Weglein, auf die Handlinien zeigend
da springt ein Häslein.
Der hats geschossen, auf die Finger zeigend
der hats gewaschen,
der hats gebraten,
der da hat den Tisch gedeckt,
und der kleine Biribinker
hat den Teller ausgeschleckt.

Der is in Busch gegangen,
der hats Häschen gefangen,
der hats heimgebracht,
der hats gebraten,
der hats verraten.

Kätzchen läuft die Trepp hinan,
hat ein rotes Jäckchen an,
Messerchen an der Seiten.
Wo willst du hin reiten?
Reiten will ich nach Bulemanns Haus,
will mir holen ne fette, fette Maus.
Quiek, quiek, quiek, quiek, quiek!

Kommt eine Maus,
die baut ein Haus.
Kommt ein Mückchen,
baut ein Brückchen.
Kommt ein Floh,
der macht – sieh! sah! so!

Adam hatte sieben Söhne,
sieben Söhne hatte Adam.
Sie aßen nicht,
sie tranken nicht,
sie waren alle liederlich
und machtens so wie ich:
Mit dem Fingerchen tip tip tip,
mit dem Köpfchen nick nick nick,
mit den Füßchen trab trab trab,
mit den Händchen klapp klapp klapp.

Das ist der Daumen,
der schüttelt die Pflaumen,
der liest sie auf,
der trägt sie heim,
und der kleine Wix ißt sie ganz allein.

Pfannenflicken, Pfannenflicken
ist die schönste Kunst.
Die rechte Hand, die linke Hand,
die geb ich dir als Unterpfand.
Da hast du sie, da nimmst du sie,
da hast sie allesamt.

Pitsche Patsche Peter

Pitsche patsche Peter,
hinterm Ofen steht er,
flickt die Strümpf und schmiert die Schuh,
kommt die alte Katz dazu,
frißt die Schmeer und frißt die Schuh,
frißt den Peter noch dazu.
Frißt die Schuh und frißt die Schmeer,
frißt mir alle Teller leer.

Pitsche patsche Küchelchen,
mir und dir ein Krügelchen,
mir und dir ein Tellerchen,
sind wir zwei Gesellerchen.

Grüß Gott, grüß Gott, was wollen Sie?
Zucker und Kaffee.
Da haben Sies, da haben Sies.
Adje, adje, adje.
So warten S doch, so warten S doch,
sie kriegen noch was raus!
Behalten Sies, behalten Sies,
wir müssen jetzt nach Haus.

Ein Häuschen aus beiden Händen ist der Laden, ein Zeigefinger die Theke. Die Daumen sind die Kundschaft, ein kleiner Finger ist der Krämer.

Knusper, knusper, knäuschen,
wer knuspert an meinem Häuschen?
Der Wind, der Wind,
das himmlische Kind.

Erste Schritte

Danz, Büewele, danz!
Dine Schüehle sin noch ganz;
es brücht di nit zu reie,
du kriegsch bal widder neie.
Danz, Büewele, danz!

Tanz, Bärbelchen, tanz!
Ach Mutter, ich hab keine Schuh.
Nur barfuß dran, nur barfuß dran,
wer will dir denn was tun?

Trommel auf dem Bauch,
hast einen schweren Ranzen:
Kannst du erst auf Stelzen gehn,
so kannst du auch bald tanzen.

We mis Büebli laufe cha,
mues es Schue und Strümpfeli ha,
und e nagelneue Huet,
da gefallts de Lüte guet.

Schlechte Laune

Der Müller will mahlen,
das Rädchen geht um.
Mein Kind ist verzürnet,
weiß selbst nicht warum.

Zürnt und brummt der kleine Zwerg,
nimmt er alles überzwerch:
den Ofen für ein Bierglas,
den Mehlsack für ein Weinfaß,
den Kirschbaum für ein Besenstiel,
den Flederwisch für eine Windmühl,
die Katz für eine Wachtel,
den Sieb für eine Schachtel,
das Hackbrett für ein Löffel,
den Hansen für den Steffel.

Leire leire ling ling ling,
du bist ein garstig greulichs Ding.

Alles, was die Leut verdrießt,
das treib ich;
wo man mich nicht gerne sieht,
da bleib ich;
wo man mich heißt wegge gehn,
grad da bleib ich gerne stehn.

Vögel die nicht singen,
Glocken die nicht klingen,
Pferde die nicht springen,
Pistolen die nicht krachen,
Kinder die nicht lachen,
was sind das für Sachen?

Mein Kindlein ist klein,
das bildt sich viel ein.
Jetzt mag es mich nimmer;
s muß aber nicht sein.

Unnütz Fragen

Weißt du was?
Wenns regnet wirds naß,
wenns schneit wirds weiß,
du bist ein alter Naseweis.

Was?
Küberle, Züberle, Salzfaß,
wenns regnet, werden die Stein naß.

Was?
Liebi Frau Bas,
wenns regnet, se wirds naß,
wenns schneit, wirds wiß,
wenns gfrürt, se gits Is.
De Fuchs isch ke Has,
und de Has isch ke Fuchs,
und du bist nüt nutz.

Wo isch er?
Im Hemp bis über d'Ohre,
u wenn er dert nit isch,
so isch er verlore.

Was wei mer mache?
Chatze bache,
Hüener brate,
nid verrate.

Neckmärchen

Ich schenk dir was!
Was ist denn das?
Ein silbernes Warteinweilchen,
und ein goldenes Nixchen
in einem niemalenen Büchschen.

Ich will dir was erzählen
von der alten Mählen:
wenn sie keine Kartoffeln hat,
kann sie keine schälen.

Et wär mal e Mann,
min Märken fängt an,
de hadd ene Koh,
hör flietig to,
de Koh hadd en Kalv,
min Märken öss halv,
dat Kalv hadd ne bunte Schnut,
min Märken öss ut.

Ich erzähl dir ein Märchen
vom Dippel Dappel Därchen,
von der Dippel Dappel Fledermaus,
blas der Katz das Schwänzchen aus.

Es isch emal e Ma gsi,
dä het e hohle Zand gha.
I dem Zand isch es Trücki gsi,
i dem Trücki isch es Briefli gsi,
i dem Briefli hets gheiße:
Es isch emal e Ma gsi,
dä het e hohle Zand gha . . . und so fort

Es war einmal ein Kind,
das hatte keinen Vater mehr
und stand ganz allein.
Da kam eine Fee
und gab ihm eine Schachtel.
Da machte das Kind die Schachtel auf,
und was war darin?
Wieder eine Schachtel.
Da machte es die Schachtel auf,
und was war darin?
Wieder eine Schachtel . . . und so fort

Es war einmal ein Männchen,
das kroch in ein Kännchen,
dann kroch es wieder raus,
da war die Geschichte aus.

Zahnsegen, Glixi-Gluxi

Müsli, Müsli, nimm der Zand,
gimmer e schöne neue,
daß ich ds Brot cha cheue.

Müsli, Müsli, nimm der Zand,
gimmer e schöne wisse,
daß ich cha Fleisch und Brot mit bisse.

Müsli, Müsli, nimm der Za,
gimmer en schöne neue dra,
und e goldigs Chetteli dra,
daß er nümmern abe cha.

Zuige, zuige, Mandeke,
breng my een ander Tandeke,
keen van Kleem, of keen van Steen,
geef my liever een van Been.

Schlickser, Kickser, fahre fort,
fahre an den rechten Ort.

Schlickser, Kickser, fahr über den Rhein
und komm mein Lebtag nimmer heim!

Rote Guggu, hinder em Hag,
nimm mers Glixi-Gluxi ab.

Heile heile Kätzchen

Heile heile Segen,
drei Tage Regen,
drei Tage Schnee,
tuts dem Kind schon nimmer weh.

Heile heile Kätzchen!
S Kätzchen hat vier Tätzchen
und einen langen Schwanz:
morgen ist alles wieder ganz.

Du bist so krank
wie eine alte Bank,
bist so krank als wie ein Huhn,
magst gern essen und nichts tun.

Bist du krank?
Im Brotschrank,
auf Schüssel und Teller,
in Küch und Keller,
mit Schinken und Wein
komm ich wieder auf die Bein.

Pelzchappemüeterli, mach mer Tee,
alli mini Rüppeli tüe mer weh,
tue mer es Bitzli Zucker dri,
morn wirds wider besser si.

Eßt Tanielik und Bibernell,
so sterbet ihr nit so schnell.

ZU TISCH, ZU BETT

Fünf Engele haben gsungen,
fünf Engele kommen gsprungen.
Das erste blästs Feuerle an,
das zweite stellts Pfännle dran,
das dritte schütts Teigle drein,
das vierte tut brav Zucker nein,
das fünft sagt, sist angericht,
jetzt, mein Büble, brenn dich nicht!

Junge Fürscht,
trink, wenn di dürscht,
weisch ja nid, we alt du wirscht.

Hau dich nicht,
stich dich nicht,
brenn dich nicht.
Supp, die ist heiß!
Kindlein, willst du essen,
setz dich auf den Steiß!

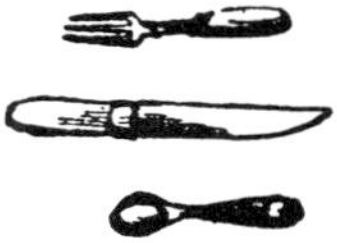

Morgens früh um sechs
kommt die kleine Hex;
morgens früh um sieben
schabt sie gelbe Rüben;
morgens früh um acht
wird der Kaffee gemacht;
morgens früh um neune
geht sie in die Scheune;
morgens früh um zehne
holt sie Holz und Späne;
feuert an um elfe,
kocht sie bis um zwölfe
Fröschebein und Krebs und Fisch.
Hurtig, Kinder, kommt zu Tisch!

Anna Panna Pickelmus
keem alle Dage in use Hus,
woll mit us wat eten,
harn Lepel vergeten,
smeetn in de Aschen,
mostn wedder waschen,
kreegn wedder rut,
do was dat Eten ut.

Tischgebet

Spis, Gott, tränk, Gott,
alli arme Chind,
die uf Ärde sind. Amen.

Komm Herr Jesu, sei unser Gast,
an meiner Kapp is e goldne Quast.

Vater unser, der du bist,
das Brot liegt auf der Kist,
das Messer liegt dabei,
schneid ab für alle drei.

Bhüet is Gott die Suppe
vor Flüge und vor Mugge,
vor Spatze und vor Ameritz,
daß is keini i d'Suppe sitz,
Belzchappe, ame.

Lirum Larum Löffelstiel

Billi balli Löffelstiel,
de alten Weiber fressen zviel,
die jungen sein nicht besser,
sie fressen wie die Rösser.

Lirum larum Löffelstiel,
alte Weiber essen viel,
junge müssen fasten.
Das Brot, das liegt im Kasten,
der Wein, der ist im Keller,
lauter Muskateller,
das Messer liegt daneben,
ei! was ein lustig Leben!

Lirum larum leier,
die Butter, die ist teuer,
lirum larum Löffelstiel,
für zwei Kreuzer gibts nicht viel.

Zibelesuppe, Zibelesuppe,
Zibele si im Garte.
Ach, mues i de mir Läbelang
uf Zibelesuppe warte!

Gegrüßt seist du, Kräutli,
du bist gebenedeitli!
Mit Wasser und Sand wirst du begossen,
Mehl und Anken sind dir verschlossen.
Wenn du kommst unter der Weiber Hand,
so bist du nichts als Dreck und Sand.

Gretel, mein Mädel, was tuste?
Sitze hinterm Ofen und huste.
Gretel, was gibts zur Nacht?
Feuer, das donnert und kracht.
Die Nudeln sind angebrennt,
hast sie nicht herumgewendt,
die Nudeln sind rundherum schwarz,
es frißt sie kein Hund und keine Katz.

Bum bam beier,
die Katz mag keine Eier.
Was mag sie dann?
Speck in die Pfann!
Ei wie lecker ist unsre Madam!

Pauz, pauz, Pulderjan,
die Mutter schlacht ne Ente,
tut auch ein Stück Butter dran,
daß sie nicht verbrennte.

Meine Mutter backt Krapfen, sie backt sie so hart,
sie schließt sie in Keller und gibt mir nicht satt,
sie gibt mir drei Brocken, die Hühner zu locken:
komm Bib, komm Bib, komm Bib!

Und wenns meine Mutter noch einmal so macht,
dann nehm ich mein Bündel und sag gute Nacht!
Und gehe nicht weiter bis über die Brück,
und kehre mein Lebtag nicht wieder zurück.

Sauerkraut und Rüben,
die haben mich vertrieben.
Hätt meine Mutter Fleisch gekocht,
so wär ich bei ihr blieben.

Meine Mutter kocht Hirsebrei,
da wollt ich daran lecken:
da kam sie mit dem Stecken.
Da ging ich zur Magd,
die hat mich verklagt.
Da ging ich zum Knecht,
der gab mir ganz recht.

Erbsen eß ich lieber
wie der Herr von Biber.
Linsen eß ich grad so gern
wie der Herr von Liljenstern.

Ärwese, Bohne, Linse,
wie mer se kocht, so sin se.

Der Hering ist ein salzig Tier,
es kommt an vielen Orten für,
es geht des Abends in die Stadt
und macht die alten Weiber satt.

Hanne Popanne,
steck Federn an Hut!
Frau Mutter, Herr Vater,
der Kuchen schmeckt gut.

Meine Mutter schickt mich her,
ob der Kaffee fertig wär.
Sag ein schönes Kompliment,
und der Kaffee ist verbrennt.

Die Milch ist aus dem Topf gelaufen,
was drin blieb, tut die Katze saufen.
Und wer nicht ist mit fortgeschwommen,
der soll schnell zum Kaffee kommen.

Meine Mutter schickt mich her,
ob der Kaffee fertig wär.
Wenn er noch nicht fertig wär,
sollt er bleiben, wo er wär.

Sagen Sie ein Kompliment,
und der Kaffee sei verbrennt,
und die Milch ins Feuer gelaufen,
da könnt Madam keinen Kaffee saufen.

Im Himmel, im Himmel, da ist es gut sein:
sie essen die Wecke, sie trinken den Wein.
Sie tanzen, sie springen, sie loben Gott,
der Himmel und Erde erschaffen hot.

Paradies

Im Himmel, im Himmel
isch e guldige Tisch,
da sitze die Ängel
bi Fleisch und bi Fisch.

Im Himmel, im Himmel
isch e guldige Thron,
Gott geb ech, Gott geb ech
der Himmel zum Lohn.

Freu di, mis Schätzli,
und freu di, mis Chind,
du chunst i de Himmel,
wo d Hüener drin sind.

Meiteli, wenn d gestorbe bist,
chunst is Paradies,
wo d Engeli Fäcke hände
wie Flädermüs.

Rosegärtelei us und i,
was möcht das si?
Unser Herrgott isch der bescht.
Et het vieli Gescht,
sine Ängeli singe,
die blaue Blüemeli springe
uf der Heide umenand.
Hälf is doch Gott zu allne guete Dinge.

Reserl, Brotbeserl,
wo warst denn so lang?
Im Himmel sechs Wocha.
Da Josef tuet kocha,
d Maria tuet spinna,
die Engerl tuen singa, juchhe!

Min Vadder isch e Schnätzler,
schnätzelt mir e schene Has.
Wo er kumm ins grüene Gras,
steht en schene wisse Schimmel,
der reit is in dr Himmel.
Wie mer in dr Himmel kumme,
steht e Blatt voll Sürkrüt do.
Kummt dr Vetter Marde,
heißt is warde;
kummt d Basle Resi,
heißt is esse;
kummt d Basle Käddri,
steckt is e Stick Speck dri;
kummt dr Gvatter Grüse,
jagt is alle zum Himmel üse.

Im Paradiesgärtli stohn en Baum,
well Gott, daß mers nüt Böses traum;
der Baum is voller Äst,
und Gott im Himmel ist der Best. Amen.

Ein bißchen Beten

Ich will heint schlafen gehn.
Zwölf Engel solln mit mir gehn,
zween zu Häupten,
zween zur Seiten,
zween zu Füßen,
zween die mich decken,
zween die mich wecken,
zween die mich wisen
zu den himmlischen Paradiesen.

Schlaf, Kindlein, feste!
Wir kriegen fremde Gäste.
Die Gäste, die da kommen drein,
das sind die lieben Engelein.
Schlaf, Kindlein, feste!

Heiliger Sankt Veit,
weck mich zur rechten Zeit,
nicht zu früh und nicht zu spät,
wenn die Glocke achte schlät.

Heie heie bute,
und en guldeni Lute,
und e silberni Saite dra,
daß das Chindli schlafe cha.

Jesus der gong iwer Land.
Wat hat en an der rechter Hand?
E gelle Stiefchen.
Wat wor darop geschriewen?
Drei Gahenes-Iwergilchen. Johannes-Evangelien
Zum erschte Gott der Vater,
zum zwete Gott der Sohn,
zum drette Gott der helege Geischt.
Gott behitt mer mei Blut an mei Fleisch.
Daß ke besen Hond mech beißt,
daß ke Wollef mech zerreißt,
daß keng bes Aen
wider mich schaen.
Dafür behitt mich Gott an ons lef Fra. Amen.

Wiegenlieder

Schlafe, Kindlein, schlafe wohl,
daß dich unser Herrgott hol
auf dem goldnen Schlitten.
Nimm die Mutter in die Mitten,
setz den Vater hinten drauf,
fahre dann zum Himmel nauf.

Ninne ninne sause,
der Tod steckt hinterm Hause.
Er hat ein kleines Körbelein,
da steckt er die bösen Kinder nein.
Die guten läßt er sitzen
und kauft ihn rote Mützen.

Tu die Äuglein zu, mein Kind,
denn draußen weht ein arger Wind.
Will das Kind nicht schlafen ein,
bläst er in das Bett hinein,
bläst uns alle Federn raus,
bläst endlich noch die Augen aus!

Bimbam Glockenstrang,
die Braut, die schlägt den Bräutigam
mit dem kleinen Steenchen.
Geh zu Bett, mein Hähnchen!
Willst du nicht zu Bette gahn,
werd ich dich noch doller schlan.

Es rengelet, es schneielet,
da geht ein kühler Wind.
Da schlafen alle Vögele
und alle armen Kind.
Es regnet große Tropfen.
Böse Buben muß man klopfen,
die braven legt man ins Seidenbett,
die bösen in die Dornenheck,
die braven werden in der Kutsche gefahrn,
die bösen in die Donau getragn.

Schlaf, Kindle, schlaf!
Da draußen is ein Schaf,
da draußen is ein Lämmle
auf einem grünen Tännle.
Schlaf, Kindle, schlaf!

Schlaf, Kindle, schlaf!
Es kommen fremde Gäste,
die Gäste kommen hinten rein,
es wern wohl Kindles Paten sein.
Schlaf, Kindle, schlaf!

Schlaf, Kindle, schlaf!
Die Engele lan dich grüßen,
sie lan dich grüßen und lan dir sagn,
sie wern dich morgen in Himmel tragn.
Schlaf, Kindle, schlaf!

Schlaf, Kindle, schlaf!
Der Tod sitzt auf der Stange.
Er hat ein weißen Kittel an,
er will die bösen Kinder han.
Schlaf, Kindle, schlaf!

Schlaf, Kindle, schlaf!
Der Vater ist beim Biere,
die Mutter ist beim kühlen Wein,
sie wird wohl nicht lang außer sein.
Schlaf, Kindle, schlaf!

Schlaf, Kindle, schlaf!
Bis man dich in die Schule tut.
Was lernst du denn da drinne?
Schreiben, lesen und singen.
Schlaf, Kindle, schlaf!

Schlaf, Kinderl, schlaf!
Dein Vater is a Graf,
dei Mutter is a Bauerndirn,
soll ihr Kinderl selber wiagn.
Schlaf, Kinderl, schlaf!

Traum, Büaberl, traum!
Die Häferl san voll Rahm,
da nascht die Katz und nascht die Dirn,
unds Büaberl wird an Schnurrbart kriagn.
Traum, Büaberl, traum!

Schlaf, Püppchen, schlaf!
Da draußen gehn die Schaf,
die schwarzen und die weißen,
die wolln mein Püppchen beißen,
die braunen und die gehlen,
die wolln mein Püppchen stehlen,
die grünen und die schwarzen,
die wolln mein Püppchen kratzen.
Schlaf, Püppchen, schlaf!

Schloap, Kingeken, schloap!
Värre Dähre steht en Schoap,
up en Flur ene bunte Kuh:
Kingeken doh de Ogen to!
Schloap, Kingeken, schloap!

Schlap, Kindke, schlap!
Buten stahn de Schap,
buten steit de bunte Bock,
bringt dem Kind e nüe Rock.

Eia in suse!
Wo wohnt Peter Kruse?
In der Petersiljenstraat,
wo de blanken Löpels stat,
wo de schmucken Mäkens gat,
in dem groten Huse,
da wohnt Peter Kruse.

Pripe nine sause,
der Fuchs steht hinterm Hause,
der hat ein langen Schlitten mit,
und nimmt die bösen Kinder mit.
Die guten läßt er zu Hause.
Pripe nine sause.

Schlap, Kindke, schlap!
Din Vader is en Aap,
dine Moder is e Donnerkatte,
du böst e kleene Brotratte,
schlap, Kindke, schlap!

Schloof, Juli, schloof!
Dai Fatr hitt d Schoof,
dai Muttr hitt d Meerkatz,
schloof, du sapprloots Fratz!

Schusche schusche schusche!
Onse Katt heet Pusche,
onse Hund heet Kunderbund.
Schlap min Kindke, schlap gesund.

Schlaf, mein Kindchen, süße!
Ich wiege dich mit den Füßen,
ich wiege dich mit dem gelben Schuh.
Schlaf und tu die Augen zu!

Enchen Benchen Gänseschnabel,
wenn ich dich im Himmel habe,
reiß ich dir ein Beinchen aus,
mache mir ein Pfeifchen draus,
pfeife alle Morgen,
hörens alle Storchen,
macht die Wiege knick und knack,
schlaf, du kleiner Habersack!

Eia in suse!
De Pracher steit in Huse
wohl mit sien groten leddern Sack,
wo he de Kinder rinne stak,
de nich willt ruhig slapen:
He makt den Sack all apen!

Schlaf, Herzli, schlaf,
schlaf, mein kleiner Graf,
bis der Hahn am Morgen früh
lustig ruft sein Güggehü!
Schlafe, schlafe sieben Stund,
bis der Vater wieder kummt.
Vater ist in Wald gegangen,
will dem Kind ein Vöglein fangen.
Schlaf, Herzli, schlaf,
dann wirst du groß und brav.

Hör, mein Kindele, was soll ich dir singen?
Äpfel und Birn soll der Vater mitbringen,
Pflaumen, Rosinen und Feigen.
Mein Kindele soll schlafen und schweigen!

Hajo bumpajo,
schlägs Hühnle tot,
s legt mir keine Eier
und frißt mir mein Brot.

Rupp ich meim Gickel
die Federn aus
und mache meim Kindche
ein Bettchen draus.

Hajo bumpajo,
hast Mucken im Hirn,
wolln se nit raus,
so bleiben se drin.

Eien beien bisch bisch bisch,
morgen eß mer Fisch Fisch Fisch,
übermorgen Schweinebraten,
wern wir dich zu Gaste laden.

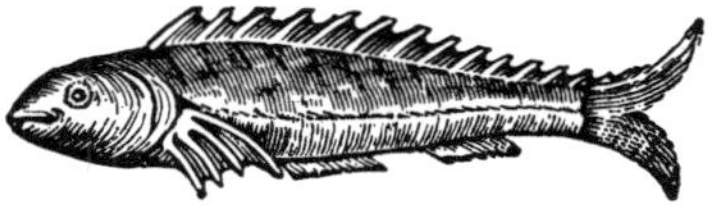

Schlaf, mein Kind! Ich wiege dich.
Wärst du größer, so schlüg ich dich;
weil du aber bist so wunzig und klein,
da muß ich tun den Willen dein.

Schlaf, Chindli, schlaf!
Di Mueter isch e Schaf,
di Vater isch e Lumpetier,
du arme Tropf kannsch nüt derfür.
Schlaf, Chindli, schlaf!

Suse min Kindken, öck war di woll weegen,
dat du warscht möt dem Kopp
an de Stawndöhr flegen!
Lewe Wächtersche, schleist du mi dod,
denn kricht du Tid des Lewens keen Brot!

Suse putinichen, was nüstelst im Stroh?
Die Mutter ist gestorben, der Vater ist froh.
Freit sich der Vater ein ander jung Weib,
bekommen die Kinder den Knittel auf den Leib.

Eio popeio, was rasselt im Stroh?
Die Gänslein gehn barfuß
und haben keine Schuh.
Der Schuster hats Leder,
kein Leisten dazu:
kann er den Gänslein
auch machen keine Schuh.

Eio popeio, ist das eine Not!
Wer schenkt mir ein Heller
zu Zucker und Brot?
Verkauf ich mein Bettlein
und leg mich aufs Stroh,
sticht mich keine Feder
und beißt mich kein Floh.

Eia popeia, was rappelt im Stroh?
S Kätzchen ist gstorben, das Mäusche ist froh.

Heie bula wiegeli,
ufem Dach es Ziegeli,
ufem Dach es Schindeli,
bhüet mer Gott mi Chindeli.

Die alti Mueter Anne,
si hocket uf der Tanne,
si singt un springt
un wieglet es Chind,
un wieglet es Chind,
bis ihm s Hirn usespringt.

Hab ich mirs nicht längst gedacht:
Sitz ich an der Wiegen,
hab den Wedel in der Hand,
wehr damit den Fliegen.

Wenn andre Mädchen tanzen gehn,
muß ich an der Wiege stehn,
muß da machen: knick, knick, knack.
Schlaf, du kleiner Habersack.

Ich wünsch gute Nacht,
von Rosen ein Dach,
von Zimt eine Tür,
von Rosmarin einen Riegel dafür.

Ich dank für diesen Reim,
die Rosen wachsen groß und klein,
sie wachsen hoch und nieder,
eine geruhsame Nacht wünsch ich wieder.

Gehorsamer Diener!
Was machen Ihre Hühner?
Legen sie brav Eier?
Hat die Magd auch Freier?
Was macht denn Ihr Hund?
Ist die Katze noch gesund?
Was macht der Herr Sohn?
Ist er auf und davon?
Sagt, ich laß ihn grüßen,
vom Kopf bis zu den Füßen,
von den Füßen bis zum Bauch,
eine gute Nacht wünsch ich auch.

Schlaf, mein Waberl, in guter Ruh,
drück du deine zwei Äuglein zu.
Druck sie zu, machs nimmer auf,
bis ich komm und weck dich auf.

Guten Abend, gut Nacht,
mit Rosen bedacht,
mit Näglein besteckt,
schlupf unter die Deck.
Morgen früh, wenn Gott will,
wirst du wieder geweckt.

Jetzt ists aus, da rennt eine Maus,
hat einen roten Kittel an,
morgen fängt die Geschicht wieder an!

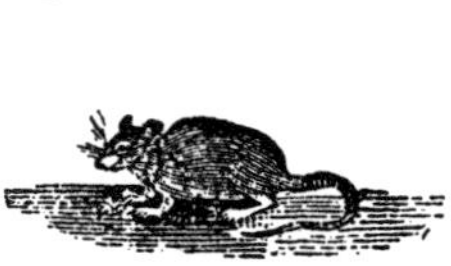

KNIEREITER

Beschlag, beschlags Rößle!
Zu Ulm, da steht ein Schlößle,
steht eine Schmiede nah dabei,
Schmiedle, beschlag mirs Rößle glei!
Wieviel brauch mer Nägel derzu?
Einen kurzen und ein langen.
Da kommt der Schmied gegangen
mit seiner langen Zangen
und mit seim Hämmerle bick bick bick!
Hat er die Nägel zu tief rein gschlagen,
muß er sie wieder raußer graben.

Peterchen ließ sein Pferd beschlagen,
ließ es den hohen Berg hinauf jagen,
vom hohen Berg ins tiefe Tal:
Pferdchen komm nur nicht zu Fall!
Fall ich denn, so bin ich tot,
begräbt man mich unter Rosen rot.
Es wachsen drei Lilien auf dem Grab,
ein Bauer bricht die Lilien ab.
Bauer, laß die Lilien stehn!
Die Himmelstür soll offen gehn.
Maria Gottes Amme
kommt mit dem weißen Lamme,

weist die Wolken übers Land,
von Brabant nach Engelland,
von Engelland nach Spanien,
mit Äpfeln und Kastanien.

Hopp hopp hopp zu Pferde,
wir reiten um die Erde.
Die Sonne reitet hinterdrein,
wie wird sie abends müde sein.
Hopp hopp hopp!

Reiter zu Pferd,
blank von Schwert,
rot von Gold!
Der Kaiser ist stolz,
der König ist krank,
Miesekätzchen hat sein Schwanz verbrannt.

Eine schneeweiße Gans
mit einem großen Federschwanz:
es sitzen zwei Reiter drauf,
reiten immerfort zum Tanz.
Reit, Kindchen, reit!

Halt dich an die Weiden,
daß du nicht ins Wasser fällst,
denn ich mag dich leiden,
weil du mir gefällst.

Reiter zu Pferd,
von Soest nach Wörth:
was hat er gebracht?
Ein Säckchen voll Mäuse,
einen Pelz voll Läuse,
ein Haus voll Kinder,
einen Stall voll Rinder,
einen Ziegenbock,
einen hölzernen Stock:
hopp hopp, hopp hopp, hopp hopp.

Reiter zu Pferd,
der Gaul ist nichts wert,
das Bier ist bitter,
das trinken die Ritter,
der Wein ist sauer,
das trinkt nur der Bauer,
das Wasser ist schlecht,
das trinkt nur der Knecht.

Schacke schacke Reiterpferd!
Das Pferd ist keinen Taler wert.
Wollens Pferd verkaufen,
wollens Geld versaufen:
Pardauz, pardauz!

Tross tross trill,
der Bauer hat ein Füll.
Das Füllen will nicht laufen,
der Bauer wills verkaufen,
verkaufen wills der Bauer,
das Leben wird ihm sauer,
sauer wird ihm das Leben,
der Weinstock, der trägt Reben,
Reben trägt der Weinstock,
Hörner hat der Ziegenbock,
der Ziegenbock hat Hörner,
im Wald, da wachsen Dörner,
Dörner wachsen im Wald,
der Winter der ist kalt,
kalt ist der Winter,
da friern die kleinen Kinder,
die kleinen Kinder frieren,
wers nicht glaubt, der kanns probieren.

Zuk zuk zuk, Haverman,
tü dien olen Saisack an,
ri dermit na Amsterdam,
von Amsterdam na Spanjen,
haal Appel un Oranjen.
Hier lütje Fro mit jun Granat,
gat alle Dage in juen Staat.
Weet ji nich, wo Holland ligt?
Holland ligt in Grunde,
Holland hier un Holland dar,
hier, du lütje Jung, mit dat kruse kruse Haar.

Hoppe hoppe Reiter,
wenn er fällt, dann schreit er.
Fällt er in den Teich,
findt ihn keiner gleich.
Fällt er in die Hecken,
fressen ihn die Schnecken,
fressen ihn die Müllermücken,
die ihn vorn und hinten zwicken.
Fällt er in den tiefen Schnee,
dann gefällts ihm nimmermeh.
Fällt er in den Graben,
fressen ihn die Raben.
Fällt er in den Sumpf,
dann macht er einen Plumpf.

Roter Kalmuck,
spring über die Bruck,
brich Hals und Bein,
komm nimmermehr heim!

Hopp hopp Habermann,
tu din Perd de Sporen an!
Rit darmit na Amsterdam,
von Amsterdam na Spanien,
von Spanien na Oranien.
Und as ik na Oranien kam,
do seg ik n grotet Wunder an:
De Koh, de set bit Für un spunn,
de Kalf, de leg in de Weg und sung,
de Katte wusch de Schötteln,
de Fledermus, de fägt det Hus,
de Schwalken drogent Müll hennut,
de Kreien schmücken de Wanden
mit rotsidenen Banden.
Un oben stund die Brut,
de harn groten Burrock an,
dar hungen wol dusend Klocken an.
De Klocken fungen an to klingen,
lewe Engels fungen an to singen.

Hock, hock, reit!
Saabu an der Seit,
Cherubim an der Hand,
reis mer noch Ungarland,
Ungarland is zugschlosse,
reis mer nach Teschen.
In Teschen is ein Glockenhaus,
dort sehn vier hübsche Fraun raus:
d erschte beindt das Tüchle,
d zweite beindt das Richle,
d dritte beindt ein Kranz,
d vierte geht zum Tanz.
Tanz, Bieble, tanz!
Viermal um den Kranz,
fünfmal um den Wiegebogen,
morgen wolln wirs wieder wogen.

Hopp hopp Habermann!
Zieh deim Vater die Stiebeln an.
Reit er nach dem Brunnen,
findt er ein kleinen Jungen.
Wie soll der Junge heißen?
Friedrich Prinz von Preußen.
Wer soll ihm die Windeln waschen?
Drei alte Plaudertaschen.

So reiten die Herren
auf ihren stolzen Pferden:
zuck zuck zuck, zuck zuck zuck!
So reiten die Jüfferchen
mit ihren spitzen Tüfferchen:
tripp trapp, tripp trapp, tripp trapp!
So reiten die Bauern,
die Humpels, die Pumpels:
truf truf, truf truf, truf truf!
So reiten die Husaren:
Klabaster, klabaster, klabaster!
Reit Junker, reit Junker, zuck zuck!

So reiten die kleinen Kind,
wenn sie noch nicht witzig sind,
und wann sie witzig werden,
so reiten sie auf Pferden.
Wenn sie groß gewachsen,
so reisen sie nach Sachsen.
Wann sie kommen zu Verstand,
so reisen sie nach Engelland,
und dann, nach sieben Sommern,
findt man sie in Pommern.
Von Pommern gehts nach Polen,
dort wollen wir sie holen.

Und sind sie einmal groß und stark,
so reisen sie nach Dänemark,
von Dänemark nach Preußen,
und dann zum Kaiser aller Reußen.
Und vor sie dann noch kommen hei,
wolln sie auch noch in die Türkei,
und wann sie nichts mehr haben,
kommen sie wieder nach Schwaben,
reiten vor des Königs Schloß,
schießen drei Pistolen los:
piff, paff, puff!

Husaren können reiten,
den Säbel an der Seiten.
Hau dem Schelm ein Ohr ab,
haus ihm aber nicht zu dicht ab,
laß ihm noch ein Stücklein dran,
daß man den Schelm erkennen kann.

Picke, packe, Peerd beslan!
T schall den hogen Barg nup gaan,
van den Barg na Bielefeld,
bringen den Papen dat Offergeld.
Wat steit denn upn Barge?
N lütje, lütje Karken.
Wat is denn in de Karken?
N lütjet, lütjet Kindjen.
Wat het dat Kindjen in er Hand?
N lütjet, lütjet Bökchen.
Wat steit denn in dat Bökchen?
»Vader, Moder,
Suster, Broder,
Sigelsuur,
bunte Buur,
wult du mit, so kumm!
Wult du mit na Rummelskarken,
wult du mit, so kumm!
Use Koster is en Farken,
o wat is he dumm!
De will annre Kinner lehren
un kann sulvst nich bookstaveren!«

Reite reite Rößlein!
Zu Basel steht ein Schlößlein,
zu Rom da steht ein Glockenhaus,
gucken drei schöne Jungfern raus.
Eine die spinnt Seide,
die andre wickelt Weide,
die dritte spinnt ein roten Rock
für unsern lieben Herre Gott.

Ein alter
Posthalter
von siebenzig Jahren,
der wollte gerne
ins Himmelreich fahren.
Die Schimmel,
die Schimmel,
die waren so keck,
und warfen
den alten
Posthalter
in Dreck.

Strubelimutz

Strubelimutz, mein Kind ist krank.
Strubelimutz, was fehlt ihm denn?
Strubelimutz, ein Schöpplein Wein.
Strubelimutz, das kann nicht sein.
Strubelimutz, zum Doktor, lauf!
Strubelimutz, jetzt steht es auf.

Heidewidewum, der Hans ist hier!
Heidewidewum, was will er hier?
Heidewidewum, er will ein Weib.
Heidewidewum, er ist nicht gescheit.

Dubbedubbedub, mein Mann ist kommen.
Dubbedubbedub, was hat er bracht?
Dubbedubbedub, ein Scheffel Junge.
Dubbedubbedub, was solln die Jungen?
Dubbedubbedub, die Trauben lesen.
Dubbedubbedub, was soll der Wein?
Dubbedubbedub, getrunken sein.

Widdewiddewit, mein Mann ist kommen.
Widdewiddewit, was mitgebracht?
Widdewiddewit, ein Sack voll Kohlen.
Widdewiddewit, er hats gestohlen.
Widdewiddewit, er wird gehangen.
Widdewiddewit, er bummelt schon.

Der goldene Wagen

Alle Leute sagen:
Holt meinem Kind einen Wagen.
Fahrt es in den Wald hinein,
wo die schönen Vögel sein.

Ri ra rutsch,
wir fahren mit der Kutsch,
wir fahren mit der Schneckenpost,
wo es keinen Pfennig kost,
ri ra rutsch,
wir fahren mit der Kutsch.

Heia popeia, was soll ich euch sagen?
Der Vater kauft mir ein goldenen Wagen.
Einen goldenen Wagen, sechs Schimmel drein,
und dann kann mein Büblein der Fuhrmann sein.

Heie, heie, butsch!
Es kummt e schöne Kutsch.
Rat, rat, wer is drin?
Luter, luter böse Kind.

E guete Fuerma
mues e guete Wage ha,
vier starchi Reder,
eine Peitsch von Leder,
sechs schwarze Rappen,
eine lederne Kappen,
und damit den Berg hinauf,
hüst, hott, hü!

Es saßen neun Narren
auf einem Karren.
Da brach der Karren,
da fielen die Narren.
Was Narren, was Karren!

Huller de Buller, de Wagen de brikt,
de Peere sunt alle verdrunken.
Wanne o wanne, wo weende de Knecht,
wo flökde, wo flökde de Junker!

Hurra so, burra fort,
Wagen und schöne Schuh sind fort!
Stecken tief im Sumpfe,
Pferde sind ertrunken.
Hurra, schrei nicht, Reitersknecht,
warum fährst du auch so schlecht!

Willst du mit nach Rommelkirchen?
Der Weg dahin geht krumm.
Wo die siebzehn Bauern saßen,
die die achtzehn Schinken fraßen:
Willst du mit, so komm!

Fahr, fahr, fahr auf der Post,
frag, frag, frag nicht was kost!
Spannen wir zwei Schimmel ein,
ich will dann der Postknecht sein.

Zuk zuk, nar Mälen,
Becke up er Gelen,
Jannmann up er bunten Ko,
zuk zuk zuk, nar Mälen to.
Mit n Schepel Weten
laat n mi tersteten.
Muller hau du dissen Steen,
maal mi jo den Weten kleen.
Smiet den Weten up den Rump,
denn geit de Mäle plumplumplump!

Jan, spann an,
drei Katzen voran,
drei Mäuse vorauf.
Jan oben drauf,
den Blocksberg hinauf.

Morgen wolln wir Schlitten fahren,
morgen um halb neune
spann ich meine Schimmel ein,
fahr ich ganz alleine.
Ganz alleine fahr ich nit,
da nehm ich meine Gretel mit.

Eisenbahn, Eisenbahn, Lokomotiv,
wenn sie nicht weiterkann,
macht sie ein Pfief.
Af der Eisenboh
steit a schwarzer Moh,
schürt a Feier oh,
daß mer foahren koh.
Kinderla, Kinderla, hängt eich droh,
Öitz geits mit der Eisenboh!

Wer will auf der Donau fahren,
titus, titus, trallala,
der muß sein frisch Leben wagen,
titus, titus, trallala,
stößt das Schiff an einen Stein,
fällst ins Wasser du hinein.

Jannemann

Jannemann wollte reiten
und hatte kein Pferd.
Alte Frau nahm n Ziegenbock
und setzt den alten Mann darop,
und ließ ihn reiten.

Jannemann wollte reiten
und hatte keinen Hut.
Alte Frau nahm n schwarzen Topf,
setzt n dem Jannemann auf den Kopf,
und ließ ihn reiten.

Jannemann wollte reiten
und hatte keinen Sattel.
Alte Frau nahm n Unterrock,
setzt den Jannemann darop,
und ließ ihn reiten.

Jannemann wollte reiten
und hatte keine Peitsch.
Alte Frau nahm n Katzenschwanz,
gab ihn Jannemann in die Hand,
und ließ ihn reiten.

Unser Bruder Melcher

Unser Bruder Melcher,
der wollt ein Reiter werden;
so hat er keinen Hut nicht,
so konnt er keiner werden.
Da nahm die Mutter den Suppentopf,
setzt ihn dem Melcher auf den Kopf.
Suppentopf auf den Kopf,
Armutei, Bettelei!
Ist das nicht schöne Reiterei?

Unser Bruder Melcher,
der wollt ein Reiter werden;
so hat er keine Stiefeln nicht,
so konnt er keiner werden.
Da nahm die Mutter die Wasserkübel,
da kriegt der Melcher ein neu Paar Stiefel.
Wasserkübel, neu Paar Stiefel,
Suppentopf auf dem Kopf,
Armutei, Bettelei!
Ist das nicht schöne Reiterei?

Unser Bruder Melcher,
der wollt ein Reiter werden;
so hat er keine Schaberack,
so konnt er keiner werden.
Da nahm die Mutter den Zwiebelsack
und macht dem Melcher eine Schaberack.
Zwiebelsack, Schaberack,
Wasserkübel, neu Paar Stiefel,
Suppentopf auf dem Kopf,
Armutei, Bettelei!
Ist das nicht schöne Reiterei?

Unser Bruder Melcher,
der wollt ein Reiter werden;
so hat er doch kein neues Wams,
so konnt er keiner werden.
Da nahm die Mutter die dürre Gans,
da kriegt der Melcher ein neues Wams.
Dürre Gans, neues Wams,
Zwiebelsack, Schaberack,
Wasserkübel, neu Paar Stiefel,
Suppentopf auf dem Kopf,
Armutei, Bettelei!
Ist das nicht schöne Reiterei?

Unser Bruder Melcher,
der wollt ein Reiter werden;
so hat er keine Handschuh nicht,
so konnt er keiner werden.
Willst du Handschuh haben zwei?
Steck die Finger in Äpfelbrei!
Äpfelbrei, Handschuh zwei,
dürre Gans, neues Wams,
Zwiebelsack, Schaberack,
Wasserkübel, neu Paar Stiefel,
Suppentopf auf dem Kopf,
Armutei, Bettelei!
Ist das nicht schöne Reiterei?

Unser Bruder Melcher,
der wollt ein Reiter werden;
so hat er keinen Mantel nicht,
so konnt er keiner werden.
Da nahm die Mutter die Küchentür,
hing sie ihm hinten und vorne für.
Küchentür, vorne für,
Äpfelbrei, Handschuh zwei,
dürre Gans, neues Wams,
Zwiebelsack, Schaberack,
Wasserkübel, neu Paar Stiefel,
Suppentopf auf dem Kopf,
Armutei, Bettelei!
Ist das nicht schöne Reiterei?

Unser Bruder Melcher,
der wollt ein Reiter werden;
so hat er keinen Sabel nicht,
so konnt er keiner werden.
Da nahm die Mutter die Ofengabel,
da hat der Melcher einen schönen Sabel.
Ofengabel, schöner Sabel,
Küchentür, vorne für,
Äpfelbrei, Handschuh zwei,
dürre Gans, neues Wams,
Zwiebelsack, Schaberack,

Wasserkübel, neu Paar Stiefel,
Suppentopf auf dem Kopf,
Armutei, Bettelei!
Ist das nicht schöne Reiterei?

Unser Bruder Melcher,
der wollt ein Reiter werden;
so hat er keine Sporen,
so konnt er keiner werden.
Da gab ihm die Mutter die Ochsenhorn,
da kriegt der Melcher ein neu Paar Sporn.
Ochsenhorn, neu Paar Sporn,
Ofengabel, schöner Sabel,
Küchentür, vorne für,
Äpfelbrei, Handschuh zwei,
dürre Gans, neues Wams,
Zwiebelsack, Schaberack,
Wasserkübel, neu Paar Stiefel,
Suppentopf auf dem Kopf,
Armutei, Bettelei!
Ist das nicht schöne Reiterei?

Unser Bruder Melcher,
der wollt ein Reiter werden;
so hat er auch kein Pferd dazu,
so konnt er keiner werden.
Da gab ihm die Mutter die alte Kuh,
da kriegt der Melcher ein Pferd dazu.
Alte Kuh, Pferd dazu,

Ochsenhorn, neu Paar Sporn,
Ofengabel, schöner Sabel,
Küchentür, vorne für,
Äpfelbrei, Handschuh zwei,
dürre Gans, neues Wams,
Zwiebelsack, Schaberack,
Wasserkübel, neu Paar Stiefel,
Suppentopf auf dem Kopf,
Armutei, Bettelei!
Ist das nicht schöne Reiterei?

Unser Bruder Melcher,
der wollt ein Reiter werden,
und da wollt er rennen
und wollte reiten gern.
Da kam er endlich vor der Mutter Haus
und fordert die Mutter zu Pferde raus.
Pferde raus, Mutterhaus,
alte Kuh, Pferd dazu,
Ochsenhorn, neu Paar Sporn,
Ofengabel, schöner Sabel,
Küchentür, vorne für,
Äpfelbrei, Handschuh zwei,
dürre Gans, neues Wams,
Zwiebelsack, Schaberack,
Wasserkübel, neu Paar Stiefel,
Suppentopf auf dem Kopf,
Armutei, Bettelei!
Ist das nicht schöne Reiterei?

ENTDECKUNGEN

Pfeifchenschneiden

Pipe willst du nicht geraten,
schmeiß ich dich in Pfaffengarten.
Kommt die Kuh,
frißt dich zu.
Kommt die Maus,
frißt dich aus.
Kommt der Storch,
frißt dich dorch.
Kommt das Kalb,
frißt dich halb.
Kommt das Schwein,
frißt dich über und über rein.
Jetzt wirds Pfeifchen fertig sein.

Sipp sapp seepe!
Ich mach mir eine Flöte
von Thymian, von Majoran,
und willst du nicht vom Baste gahn,
schmeiß ich dich in den Graben,
bei Kröten, Schlangen und Raben.
Sipp sapp seepe,
ich mach mir eine Flöte.

Das liebe Rot, Rot, Rot,
das liebe Grün, Grün, Grün,
das liebe Braun, Braun, Braun,
das liebe Blau, Blau, Blau,
das liebe Gelb, Gelb, Gelb.

Einen Stein ins Wasser werfend:

Ist ein Mann ins Wasser gfalln,
hab ihn hören plumpen.
Hab gmeint, es wär ein großer Mann:
wars ein kleiner Stumpen.

Vom Himmel hoch, da kam ich her,
lang mi mal n paar Nottjens her!
Sind se watt grot, da hett keen Not,
sind se watt kleen, gif mi twee for een.

Flieg, flieg, flieg

Buttervögelken, sett dik
op mine Hand, op mine Hand,
i daun dik nischt tau Leide.
Et soll dik nischt tau Leid gescheihe,
will mer dine bunten Flittchen seihe,
bunte Flittchen meine Freude.

Grill, Grill, geh außen,
i gib dir Käs und Brot.
Drinnen leidst du Hungersnot.

I weiß am en Ort es Hummelnäst,
des hat mi welle gruse.
Tue Schwäfel, Pech und Pulver dri,
das tribt di Chätzere use.

Maikäfer flieg!
Dein Vater ist im Krieg,
dein Mutter ist in Pommerland,
Pommerland ist abgebrannt,
Maikäfer flieg!

Maikäfer Mai,
deine Mutter Lei,
dein Vater ist in Engelland,
Engelland ist abgebrannt,
deine Brüder weinen,
sitzen hintern Steinen,
haben kein Messer und kein Gabel,
müssen fressen mit dem Schnabel.

Türkenmännchen, flieg hinweg!
Die Weiber mit den Stangen
wollen dich empfangen.
Die Männer mit den Spießen
wollen dich erschießen.
Flieg in den Himmel,
bring einen Sack voll Kümmel,
tunk ich meinen Weck hinein
bei dem roten kühlen Wein.

Täkeltuet,
kruep ut din Hus.
Din Hus dat brennt,
din Kinder flennt,
din Fruh die ligt in Wäken,
kannk di nich mal spräken?

Sonnenkalf,
Mahnkalf,
wo lang schall ick lewen?
Een Jahr, twe Jahr

und so weiter, bis der Marienkäfer fortfliegt.

S fleit e firis Männel rum
iwwer Häü un Hecke,
het e guldigs Ladernel, drum
kann sis nit verstecke.
Firis Männel aufm Häü,
gib mr din Ladernel au!

Goldkäfer, flieg
auf deine hohe Tanne
zu deiner Mutter Anne,
sie gibt dir Käs und Brot,
ist besser als der bittre Tod.

Klosterfrau im Schneckenhäusle,
sie meint, sie sei verborgen.
Kommt der Pater Guardian,
wünscht ihr guten Morgen.

Schneck, Schneck, komm heraus,
sonst kommt die Maus
und frißt dich aus!

Schneck, Schneck, Schniere,
zeig mir deine Viere!
Wenn du mir deine Vier nicht zeigst,
schmeiß ich dich tausend Häuser weit.

Schneckenhorn,
reck das Horn,
reck sie alle vier
um einen Eimer Bier.
Willst du sie nicht recken,
schmeiß ich dich wider ein Stecken,
daß du daran bleibst klecken.

Kuckucksknecht,
sag mirs recht,
wie lang daß ich noch lebe.
Schreib mirs auf die Messerspitz,
wie lang daß ich noch ledig sitz.

Unk, Unk, Unk!
Vor Zeiten war ich jung.
Hätt ich einen Mann genommen,
wär ich nicht in Teich gekommen.
Unk, Unk, Unk!
Vor Zeiten war ich jung.

Dieser Reim gründet sich auf den Aberglauben: daß die an Sümpfen hörbaren Unken verwandelte alte Jungfern sind, die nicht heiraten wollten.

Wihe, Wihe, witte Tunge,
dine Kinder sin verschlunge,
sin in roten Kasten sloten,
sin alleheil mit Blut begoten.

Weih, Weih, Hühnlesdieb,
mach mir meine Hühnlen lieb!
Die jungen wie die alten,
der Henker wird dich spalten.
Es fällt ein Block vom Himmel rab
und schlägt dem Weih den Kragen ab.

Vögeli, Vögeli, bick bick bick,
hanget amene Strick,
hanget amene Galge
und tuet sis Schwänzli salbe.

Die Wasserstelz, die schnadert
und fängt der Mucken viel,
sie hört nicht auf zu klappern
mit ihrem Pfannenstiel.

Rab, Rab, schäm dich,
Rab, Rab, gräm dich!
Kannst dir keine Stiefel kaufen,
mußt im Dreck gehn barfuß laufen.

Rab, Rab, Dürrbein,
die Leut sagen: du hättst nur ein.
Du stolzierst im schwarzen Frack
und bist doch ein Bettelsack.

Nachtigall, ich seh dich laufen,
aus dem Bächlein tust du saufen,
du dunkst dein klein Schnäblein ein,
meinst, es wär der beste Wein.

Nachtigall, wo ist gut wohnen?
In den Linden, in den Kronen,
bei der schönen Nachtigall.
Grüß mein Kind viel tausendmal.

Kuckuck hat sich tot gefallen
von einer hohlen Weiden.
Wer soll uns diesen Sommer lang
die Zeit und Weil vertreiben?

Der Wiedehopf, der Wiedehopf
hat Haar am Hals und keins am Kopf.
Die Spatzi, die Spatzi,
die rufen: Deo Grati!

Stork, Stork, Steine,
mit de lange Beine,
mit de korte Knie!
Jungfrau Marie
hat ein Kind gefunden,
war in Gold gebunden,
flog übers Bäckershaus,
holt sich drei Brot heraus:
mir eins, dir eins,
armen Schelmen gar keins.

Alle unsre Enten
schwimmen auf dem See,
stecken Kopf ins Wasser,
den Bürzel in die Höh.

Storch, Storch, Hopfebein,
trag mi auf em Rückkorb heim!
Kannst mi nit ertrage,
hol dir en lange Wage,
kannst mi nit erführe,
hol dir en weißen Schimmel
und führ mi in den Himmel.

Gülle, Gülle, Gülle,
bin röter als du!
Hast ein Paar alte verrissene Schuh!
Hast ein Gäbele,
hast ein Zäbele,
hast mirs wollen zeigen?
Laß dich heime geigen!
Gülle, Gülle, Gülle,
bin röter als du!

Storch, Storch, Schnibelschnabel
mit der langen Heugabel,
mit de lange Beine:
Tut die Sonne scheine,
stehst du auf dem Kirchendach,
klapperist, bis alls aufwacht.

Stork, Stork, di Hisele brennt!
Vader und Mueder sin d Hell awe grennt!

Wer ruft am Morge scho um drü
so lustig Gügge-güggehü?

Mein Hinkelchen, mein Hinkelchen,
was machst in unserm Garten?
Pflückst uns all die Blumen ab,
machst es gar zu arg.
Mutter wird dich jagen,
Vater wird dich schlagen.
Mein Hinkelchen, mein Hinkelchen,
was machst in unserm Garten?

Tuk tuk tuk, mien Höneken,
wat deist in usen Hof?
Plukst mi all de Blömeken,
maakst et gar to grof.
Moder will di kriegen,
Vader will di slaan.
Tuk tuk tuk, mien Höneken,
laat du de Blömken staan!

Sause, liebe Ninne, was raschelt im Stroh?
Das sind die lieben Gänse, die haben keine Schuh.
Der Schuster hat Leder, kein Leisten dazu:
drum gehn die lieben Gänse
und haben keine Schuh.

Quibus, quabus,
die Enten gehn barfuß.

Gänschen zu verkaufen!
Leutchen, kommt gelaufen!
Was soll das Gänschen kosten?
Anderthalben Groschen.
Das ist fürs Gänschen viel zu viel,
ich geb nen halben Besenstiel.
So nimm du nur das Gänschen hin,
freut mich, daß ichs ledig bin!

Mumm Aneleis,
mumm Aneleis,
was machen eure Gäns?
Sie sudelen, sie pudelen,
sie waschen sich die Schwänn, Schwänn, Schwänz.

Eins zwei drei, bigge bagge bei,
die Gäns gehn barfuß,
haben gelbe Schuhe an,
haben rote Bändle dran.

Allerhand Tiere

Daheim ist die Maus
auf den Ofen krochen,
hat den Finger verstaucht
und das Schwänzel brochen.

Beim Würfeln mit einem Becher:

Rappelt die Katz,
guckt die Maus
oben hinein
und unten heraus.

Hau der Katz den Schwanz ab,
hau ihn doch nicht ganz ab,
laß ihr noch ein Stummel dran,
daß sie kann zur Kirche gahn.

Miesekätzchen Miese,
wovon bist du so griese?
Ich bin so griese, bin so grau,
ich bin das Kätzchen Griesegrau.

Et wor emol eng Ketzchen,
der hire Nuom wor Metzchen.
De gong all Dag op d Juocht,
an huot vill Huose bruocht.
Du gof den Her Grof dat gewuor,
a gleich scheckt hien sei Jeer duor,
mat engem Flent voll Schrot,
an de scheßt d Ketzchen dot.

Bauer, bind dein Pudel an,
daß er mich net beißen kann.
Beißt er mich, verklag ich dich,
tausend Taler kostets dich.
Tausend Taler sind kein Geld,
wenn mir nur mein Pudel gefällt.

Der Fuchs sitzt auf dem Baume
und pflückt sich gelbe Pflaumen.
Ich sag, er soll mir eine geben,
er sagt, er will mir Steine geben.
Da nahm ich meinen weißen Stock
und schlug ihn auf den roten Kopp.

Drib drab Hühnerdieb,
hast mir meine Pippchen lieb,
hast mir eins gestohlen,
der Kuckuck soll dich holen!
Er wird dich legen auf den Tisch,
er wird dich schneiden wie nen Fisch,
er wird dich legen auf den Teller,
er wird dich schneiden klein wie n Heller.

Frau Fuchs sitzt in der Kammer,
beweint ihren Jammer,
beweint ihren roten Rock,
denn der Herr Fuchs ist tot.

Hei, Mutter, der Schimmel ist tot!
Hätt i dem Schimmel mehr Hafer gegeben,
wär der Schimmel geblieben am Leben.
Ach, Mutter, der Schimmel ist tot!

Wolf, Wolf, friß mi nit!
Hundert Taler gib i dir nit,
zehn will i dir geben,
laß mi nur am Leben!

Kling, klang, gloriam,
die Sau, die hat den Chorrock an.

Moh, Kühchen, moh!
Wovon bist du so ro?
Ich bin so ro, ich bin so matt,
werd von meim bißchen Futter nicht satt,
im Winter krieg ich Stroh,
im Sommer grünes Gräschen,
da macht ihr Butter und Käschen.
Moh, Kühchen, moh.

Wettersegen

Regle regle wuhre,
der Geißbock liegt im Ture,
er hat ein getumpets Kittele an,
er krähet wie ein Gockelhahn:
kikeriki, kikeriki, kikeriki!

Rege rege schure,
zo Kölle op de Mure,
do setze drei Pandure,
der wäsche sech on plätsche sech,
bes de Rege över es.

Rege rege schure,
te Kalwer op de Mure,
do soot en Vögelschen op et Dak,
dat riep all ömmer: weit, weit, weit!
Dat de Regen övergeit.

Es regnet, es regnet,
der Kuckuck wird naß.
Wir sitzen im Trocknen,
was schadet uns das?

Es rengelet, es schneibelet,
es goht a kalter Wind.
Da kommet de Frau Basele
mit ihrer lange Nasele
und sagt: es isch a Sünd!

Diri diri disel,
wer zopft mr an mim Hisel?
Dr Wind, dr Wind,
das himmlische Kind!

Der Gutzgauch auf dem Zaune saß,
es regnet sehr, und er ward naß.
Kam der liebe Sonnenschein,
da ward der Gutzgauch hübsch und fein.

D Engele hans Bett gemacht,
d Federn fliegen runter!
Alle Tag, da wachen sie,
zur Nacht, da sind se munter.
Wäre sie net munter z Nacht,
wer hätt denn dann mein Kind bewacht?

Blau, blaue Wolken,
Maria hat gemolken
sieben Küh in einem Stall,
Jungfer Katharina.

S fängt an zu träppeln,
der Tod schmeißt mit Äppeln.
S fängt an zu ränn,
der Tod schmeißt mit Stänn.
S fängt an zu gießen,
der Tod schmeißt mit Nüssen.
S fängt an zu schnain,
der Tod kemmt mit Wein.
S fängt an zu graupen,
der Tod kemmt mit Raupen.

Ene bene Bohnenblatt,
wieviel Küh sind noch nicht satt?
Sieben Geiß und eine Kuh.
Sankt Peter schlägt die Stalltür zu
und schmeißt den Schlüssel übern Rhein:
Morgen wird schön Wetter sein.

Regen, Regen, rusch,
de König fahrt to Busch.
Laet den Regen övergahn,
laet de Sünn wedder kam.
Sünn, Sünn, kum wedder
mit din golden Fedder,
mit din golden Stralen,
beschin uns altomalen.
Beschin dat ganze Engelland,
dar hangt die Klocken an de Wand,
wo Maria boven sitt
met dat lütje Kind in Schoot;
hält en Stuten Botterbrot.
Mi wat, mi wat,
unse lütje Mueschkatt wat!

Räge, Räge, Tröpfeli,
es rägnet uf mis Chöpfeli,
es rägnet us em Wulkefaß,
und alli Greseli wärde naß.
Alli Blümeli säge Dank
üsem schöne Himmelstrank.

Liebe Sonne, komm gekrochen,
denn mich frierts an allen Knochen.
Liebe Sonne, komm gerennt,
denn mich frierts an meine Händ.

Sünneli, chomm abe,
gib dr Win und Brot.
Regeli, gang aufe,
oder i schla di tot.

Sünneli, Sünneli, kumm au wieder,
Schatte, Schatte, leg di nieder.

Nabel Nebel Niebel,
schwing dich auf den Giebel,
schwing dich auf zur Himmelstür,
laß die liebe Sonn herfür.

Regna, regna Tropfen,
wie schön blüht der Hopfen!
Wie schön blühts Himmelskraut!
Lieber Herrgott, hör bald auf!

Großmächtige Sunne, wie schön gehst abe.
O könnt i dir an dis Guld abschabe!

Sunne, kumm raus,
dein Häusl brennt aus,
deine Kinder sein drinnen,
wern alle verbrinnen,
Sunne kumm raus!

Leve Regen, blief wege,
mit diener langen Nese!
Leve Sunne, kum wedder
mit diener golden Fedder,
mit dienen goldnen Stralen
van Himmel herdalen.

Der Himmel ist mein Hut,
die Erde ist mein Schuh,
das heilge Kreuz ist mein Schwert,
wer mich sieht, hat mich lieb und wert.

JAHRESZEITEN

Drei Rose im Garte,
drei Tannen im Wald,
im Summer ischs lustig,
im Winter ischs kalt.

Herr Tannenbaum, Herr Tannenbaum,
du bist ein edler Reis,
du grünest uns im Winter
so wie zur Sommerszeit.

Dra ri ra,
der Sommer ist jetzt da.
Komm, wir wolln in Garten,
dem schönen Sommer warten.
Dra ri ra,
der Sommer, der ist da.

Fastnacht

Wir habens vernommen:
Fastelabend ist gekommen.
Wir kommen in ein großes Haus,
dort guckt eine schöne Madam heraus.
Die Madam wolle uns auch bedenken
und eine Fastelabendskrappe schenken.
Wenn wir wieder weiter wanken,
werden wir uns schön bedanken.

Den toten Tod ham wir ausgetrieben,
er ist in unserm Land geblieben,
in unserm Dorf und Lande,
das macht uns keine Schande.
Wir ham ihn getrieben über Stock und Stein,
wir ham ihm gebrochen Hals und Bein,
die Schüssel hat ein goldnen Rand,
die Mutter hat eine milde Hand,
sie wird sich wohl bedenken
und mir ein Gackei schenken.
Und schenkt sie uns das Gackei nicht,
so kriegt sie unsern Sommer nicht.

Hawele hawele Hahne,
die Fastnacht geht bald ane.
Droben in dem Hinkelhaus
hängt ein Korb mit Eiern raus.
Droben in der Firste
hängen die Bratwürste.
Gebt uns von den langen,
laßt die kurzen hangen.
Sind sie etwas kleine,
gebt uns zwei für eine.
Sind sie etwa zerbrochen,
sind sie leichter kochen,
sind sie etwa fett,
je besser uns es schmeckt.
Wenn ihr uns was geben wollt,
so gebt uns also bald,
denn unsre Händ und Füße
werden uns zu kalt.

Nachdem sie die Gaben empfangen haben:

Glück schlag ins Haus,
komm nimmermehr heraus!
Violen und die Blommen,
die bringen uns den Sommer.
Ri ra rum,
der Winter muß herum.
Der Sommer ist so keck
und wirft den Winter in Dreck.

Rote Rosen, rote, stiehn auf einem Stengel.
Der Herr ist schön, die Frau ist schön,
das Kind, das ist ein Engel.
Kleene Fische, kleene,
die schwimmen in eim Teichen.
Der Herr ist schön, die Frau ist schön,
das Kind ist ihresgleichen.

Tra ri ro,
der Sommer, der ist do!
Wir wollen naus in Garten
und wolln des Sommers warten.
Jo, jo, jo,
der Sommer, der ist do!

Tra ri ro,
der Sommer, der ist do!
Wir wollen hinter die Hecken
und wollen den Sommer wecken.
Jo, jo, jo,
der Sommer, der ist do!

Tra ri ro,
der Sommer, der ist do!
Der Sommer hat gewonnen,

der Winter hat verloren.
Jo, jo, jo,
der Sommer, der ist do!

Tra ri ro,
der Sommer, der ist do!
Der Winter liegt gefangen,
den schlagen wir mit Stangen.
Jo, jo, jo,
der Sommer, der ist do!

Tra ri ro,
der Sommer, der ist do!
In meiner Mutter Keller
liegt guter Muskateller.
Jo, jo, jo,
der Sommer, der ist do!

Wir wünschen dem Herrn
einen goldenen Tisch,
auf jedem Eck
ein gebacknen Fisch
und mitten hinein
drei Kannen voll Wein,
daß er dabei kann fröhlich sein.
Jo, jo, jo,
der Sommer, der ist do.

Hüt isch Mittifaste,
mer hei kei Chorn im Chaste.
Wie der Winter isch so chalt!
Die Röseli vor dem grünen Wald.

Dr lieber Herrgott hat e Leiterli,
dert driber springe d Meiterli.
Wie der Winter isch so chalt!
Die Röseli vor dem grünen Wald.

Dr lieber Herrgott hat e Wanne,
dert driber springe d Manne.
Wie der Winter isch so chalt!
Die Röseli vor dem grünen Wald.

Dr lieber Herrgott hat e Gigli,
dert driber springe d Wibli.
Wie der Winter isch so chalt!
Die Röseli vor dem grünen Wald.

Dr lieber Herrgott hat e Chriegli,
dert driber springe d Biebli.
Wie der Winter isch so chalt!
Die Röseli vor dem grünen Wald.

Dr lieber Herrgott hat e Chueche,
mer wänn im hälfe sueche.
Wie der Winter isch so chalt!
Die Röseli vor dem grünen Wald.

Hit über drei Wuche
esse mer Eier und Fleisch,
Helandileis!

Das isch do au e großi Zit,
wenn's Bratwürst regnet und Chüechli schnit.

Heut treiben wir den Tod hinaus,
den alten Weibern in das Haus,
den Reichen in den Kasten:
Heute ist Mittfasten.

Wir treiben ihn über Berg und Tal,
daß er nicht wiederkommen soll!
Wir treiben ihn über die Heide,
das tun wir den Schäfern zuleide.

Dort drüben steht ein schönes Haus,
da schaut ein schöner Herre raus.
Er hat eine hohe Mützen,
er hat sie voll Dukaten sitzen,
er wird sich wohl bedenken
und wird uns einen schenken.

Wenn sie etwas bekommen haben:

Habt Dank, ihr lieben Herren mein,
das Himmelreich soll euer sein,
dazu die himmlische Krone,
Gott wirds euch wohl belohne.

Wenn sie nichts bekommen, so singen sie zur Rache:

Stecken wir den Sommer in den Keller!
Kratzhals, Krummhals hat kein Heller.
Er gäb uns gern ein Gröschle,
er hat nur keins im Täschle.

Aujourd'hui isch Fasenacht,
wo die mère Chüechli bacht,
wo der père umespringt
und der mère d Chüechli nimmt.

Jetz bhüet ir Gott, ir liebe Lüt,
und tanzet, daß de Bode stübt!

Begraben ist die Fasenacht,
nun wird dem Spaß ein End gemacht,
o weh!

Nun sind die Küchlein all verspeist,
die Musikante abgereist,
ade!

Doch übers Jahr, da stehn sie auf,
zu einem neuen Erdenlauf,
nach Schnee!

Drum lasset uns getröstet sein,
und stimmet alle fröhlich ein:
Juchhe!

Buko van Bremen

Buko von Halberstadt,
bring doch unserm Kinne wat!
Wat sall eck ehn denn bringen?
Rote Schau mit Ringen,
schöne Schau mit Gold beschlan,
da sall unse Kind drop danzen gahn!

Buko van Bremen,
laat usen Harm betämen.
Lest du usen Harm betämen nich,
so bist du ook Buko van Bremen nich.

Buko van Walle,
wat deist in usen Stalle?
Ene lütje bunte Ko
hört den söten Hermann to.

Ruprecht, Ruprecht, guter Gast,
hast du mir was mitgebracht?
Hast du was, dann setz dich nieder,
hast du nichts, dann geh nur wieder!

Nikolaus

Santi Niggi, Näggi,
hinderm Ofen stegg i,
gimmer Öpfel und Bire,
so kumm i wieder füre.

Santi Klaus, du wieschte Ma,
i bitt di, lueg mi gar nit a.
Gimmer lieber Nuß und Äpfel,
oder du bisch e wieschter Zäpfel.

Sammi Klaus hinter em Ofen
blätzt die alten Schlätterhosen.
Sammi Klaus auf em Dach
hängt die Bei bis in en Bach.

Lieber, lieber Nikolaus zart,
haben schon lange auf dich gewart.
Will auf Vater und Mutter hören,
mußt mir nur was Gutes bescheren.

Sternsingen

Nun reisen wir froh nach unsrer Sonnen,
wir haben allhier groß Heil gewonnen.
Des freuet sich die englische Schar:
Wir wünschen euch allen ein glückselig Neujahr.

Wir wünschen dem Herrn einen goldenen Hut,
er trinke keinen Wein, er sei denn gut.
Des freuet ...

Wir wünschen dem Herrn ein Reiterpferd,
ein Paar Pistolen, ein goldenes Schwert.
Des freuet ...

Wir wünschen dem Herrn
einen goldenen Bronnen,
so ist ihm niemals sein Glück zerronnen.
Des freuet ...

Wir wünschen dem Herrn einen goldenen Mutzen,
er lasse sich auch von keinem trutzen.
Des freuet ...

Wir wünschen dem Herrn einen goldenen Tisch,
auf jedes Eck einen gebackenen Fisch.
Des freuet . . .

Wir wünschen der Frau einen goldenen Rock,
sie geht daher als wie eine Dock.
Des freuet . . .

Der Frau wolln wir wünschen ein goldene Kron,
und übers Jahr einen jungen Sohn.
Des freuet . . .

Wir wünschen dem Sohn eine Feder in die Hand,
damit soll er schreiben durchs ganze Land.
Des freuet . . .

Dem Sohn wolln wir wünschen ein grünes Kleid,
und übers Jahr ein junges Weib.
Des freuet . . .

Wir wünschen der Tochter ein Rädelein,
damit soll sie spinnen ein Fädelein.
Des freuet . . .

Der Tochter wolln wir wünschen
eine goldne Kann,
und übers Jahr einen jungen Mann.
Des freuet . . .

Wir wünschen der Großmutter
eine kupferne Pfann,
aufs andere Jahr einen puckligen Mann.
Des freuet . . .

Wir wünschen der Magd einen Besen in die Hand,
damit soll sie kehren die Spinnen von der Wand.
Des freuet . . .

Wir wünschen der Magd einen hölzernen Tisch,
auf allen vier Ecken einen Flederwisch.
Des freuet ...

Und in der Mitt eine Wasserkann,
aufs andre Jahr einen versoffenen Mann.
Des freuet ...

Wir wünschen dem Knecht
eine Peitsch in die Hand,
damit soll er fahren durchs ganze Land.
Des freuet ...

Wir wünschen dem Kleinknecht
ein rotes Leibchen,
aufs andere Jahr ein junges Weibchen.
Des freuet ...

Wir wünschen euch allen einen goldenen Wagen,
damit ihr könnt ins Himmelreich fahren.

Die leeren Hosentaschen nach außen kehrend:

Witzig und verständig Lüt,
wisset, was das Ding bedüt.

Wir schreiben euch auf ein Lilienzweig:
Der liebe Gott geb euch das Himmelreich!

Wir schreiben euch auf ein Lilienblatt:
Gott geb euch all eine gute Nacht!

Wir haben gesungen in euerm Haus:
All Ungelücke Jahr daraus!

Wir wünschen der Köchin ein fröhlich neu Jahr,
daß all ihr Unglück zum Schlot hinaus fahr!
Wir hören sie mit den Schlüsseln rum klingeln,
sie wird uns wohl eine Gabe bringen!

Wir treten herein ohn allen Spott,
ein schön guten Abend, den geb uns Gott.
Ein schön guten Abend, eine fröhliche Zeit,
die uns der Herr Christus hat bereit.
Wir kommen hierher von Gott gesandt
mit diesem Stern aus Morgenland.
Wir zogen daher in schneller Eil,
in dreißig Tagen vierhundert Meil.

Chasper, Melcher, Balzer
sind drü Suppesalzer.

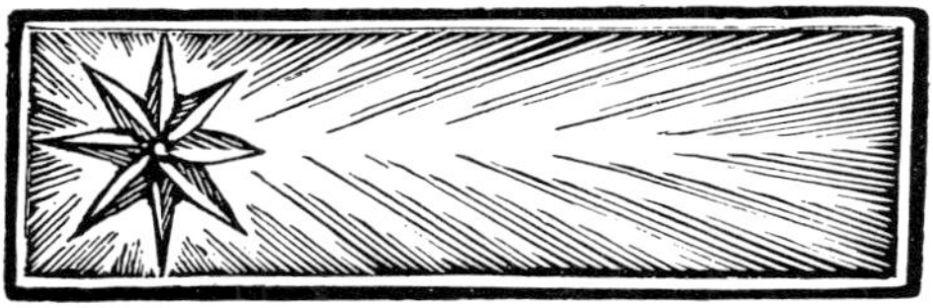

Die heilige drei König mit ihrem Stern,
sie esse und trinke und zahle nit gern.

Da kommen die drei König mit ihrem Stern.
Sie krachen die Nüsse und essen den Kern.
Sie werfen die Schalen zum Fenster naus,
da kommen die Hühnlein und picken sie auf.

Kartis kartaus, kartis kartaus,
mein Liedche, mein Liedche, und das ist aus.

SCHABERNACK

Orakel

Himmel, Höll, Fägfür, Paradies.

Verliebt, verlobt, verheirat, geschieden.

Kaiser, König, Edelmann,
Bürger, Bauer, Bettelmann,
Schuster, Schneider, Leineweber,
Doktor, Kaufmann, Totengräber.

Edelmann, Bettelmann, Doktor, Pastor,

König, Bauer, Lump, Major.

Es ist ein neuer Schleifer im Land,
der schleift die Messer, s ist e Schand,
ganz rosarot,
ganz himmelblau,
Messerle hai hai!

Rumbedi bumbumbum,
de Chüefer goht ringsum.
Er schlot dem Faß die Reifen a,
damit der Wi ned use cha,
rumbedi bumbumbum.

Wie machens denn die Küfer?
Sie machen dreimal rumpedibum
und heischen dann drei Batzen drum.

Die Zimmrer und die Maurer,
das sind die rechten Laurer.
Eine Stunde tun sie messen,
eine Stunde tun sie essen,
eine Stund lang rauchen sie Tabak,
damit vergeht der halbe Tag.

Mir wänd e bitzeli lustig si
und e bitzeli trure,
mir wänd e bitzeli Pflaster mache
und e bitzeli mure.

Horei, horei, meine Küh sind alle nei,
s fehlt mir bloß die rote Schecken,
wo muß denn die im Holze stecken?
S fehlt mir noch ein Ziegenbock,
wo muß denn der sein hingehoppt?
Nunter in das Niederland,
wo die reichen Bauern sitzen
mit den großen Zipfelmützen,
die das Geld mit Scheffeln messen
und den Quark mit Löffeln fressen.

Wie machens denn die Müller?
Sie betens Vaterunser:
Das halbe Korn ist unser.

Es ist – ein Dieb – in der Mühle.
Wer ist er? Wer ist er? Wer ist er?
Der Müller! Der Müller! Der Müller!

Min Schatz ist en Müller,
hat d Chleider voll Staub,
e Ringli am Finger
ond Geld as wie Laub.

Heidelum Pastetli,
der Müller schlot sin Gretli,
er schlots die Stiegen uf und ab,
es klappert wie ein Mühlenrad.
Das Mühlenrad ist brochen,
der Müller ist versoffen.

Da, Bäck,
hast ein Weck,
schieb ihn rein,
back ihn fein,
laß ihn nicht verbrennen,
daß wirn essen können!

Backe, backe Kuchen,
der Bäcker hat gerufen:
Wer will guten Kuchen backen,
der muß haben sieben Sachen:
Eier und Schmalz,
Zucker und Salz,
Milch und Mehl,
Safran macht den Kuchen gel.

Wie machen die Bäcken
die Wecken so klein,
sie schieben dreihundert
ins Ofenloch rein.

Maler und Lackierer,
Versäuer und Verschmierer.

Schmied, Schmied, Schmied,
nimm dein Hämmerle mit:
Wenn du willst ein Gaul beschlagen,
mußt dein Hämmerle bei dir tragen.
Schmied, Schmied, Schmied,
nimm dein Hämmerle mit.

Schmied, Schmied mit dem Hammer,
jag den Teufel aus der Kammer,
jag ihn in ein Eck,
daß er bald verreck!

Pink, pank,
der Schmied ist krank,
er liegt auf Bohlen,
er hat gestohlen,
er liegt auf Gerben,
er wird schon sterben,
er läg im Bette,
wenn er eins hätte.

Schusterbu, flick mir die Schuh,
gib mirs Leder auch dazu!
Gibst mirs Leder nicht dazu,
bist kein braver Schusterbu.

Schuemächerli, Schuemächerli,
was choste mini Schue?
Drei Bätzeli, drei Bätzeli
und d Nägeli derzue.

Dreimal, dreimal um das Haus,
der Peter schlug die Trommel,
da kam ein altes Weib heraus
und sah den Teufel kommen:
Dem Schuster ist die Kobbel tot,
er darf sich nicht bemühen.
Das Leder ist zum Sohlen gut,
das Fleisch kann er sich brühen,
die Zähne sind die Schrauben,
die Füß kann er nicht brauchen.

Die Schuster, die Schneider, das Lumpengesind,
zum Fressen, zum Saufen, da sind sie geschwind.
Zum Stichen, zum Stechen, da sind sie zu faul,
zum Fressen, zum Saufen, da rühren sie das Maul.

Der Schneider und die Laus,
die fordern einander heraus.
Und wenn ich nicht wär dazwischengekommen,
so wär der Schneider ums Leben gekommen,
der Schneider und die Laus!

Und wenn der Schneider reiten will,
dann hat er keinen Gaul,
dann setzt er sich auf den Ziegenbock
und nimmt den Schwanz ins Maul.

Die Geiß, die lief den Berg hinan
mit ihrer grauen Haut.
Die Schneider liefen ihr alle nach
und glaubten, s wär die Braut.

Lustig und nit verzagt,
es hätt ein Schneck ein Schneider gjagt.
Er hätt ihn gjagt ins Kämmerli,
jetzt schreit er dort gottsjämmerli.

Wenn der Schneider stohlen hat,
so weiß er nicht wo aus.
Da schlupft er in sein Nadelhaus
und gucket oben raus.

Heut nacht bin ich fischen gangen,
da ist mirs geraten:
Hab einen buckligen Schneider gfangen,
hab ihn lassen braten.
Wie er braten ist gewesen,
hab ich gschrien: Zum Essen!
Kommt ein verstohlner Spatz daher,
hat mir den Schneider gfressen.

Säcke flicken, Säcke flicken,
haben keine Nadel.
Schneider, Schneider, hopp hopp hopp,
näh mir einen guten Rock!
Wenn ich zähle eins zwei drei,
muß das Röckle fertig sei!
Eins – zwei – drei –
das Röckle ist entzwei.

Heute morgen früh am Tag
hat der Schneck den Schneider gjagt.
Wär der Schneider nit so gsprunge,
wär er um sein Leben kumme.

Schlotfeger, schwarzer Mann,
hast dein Lebtag nicht gut getan!
Wenn man denkt, er ist zu Haus,
guckt er oben zum Schornstein raus.

Chämifeger, schwarze Ma,
hät e ruessigs Häple a.
Alli Wöschere vo Paris
chönneds nümme wäsche wiß.

Chämifeger, schwarze Ma,
lat de Chinde d Ohre sta.
Und mer cha schier nüd dra denke,
allne tuet ers Lebe schenke.
Chämifeger, schwarze Ma,
lat de Chinde d Ohre sta.

Tanze, tanze, polnische Brut,
der Metzger steuert sine Töchter ut
mit der Leber, mit der Lunge,
mit der polnischen Ochsenzunge.

Säge, säge Holz entzwei,
kleine Stücke, große Stücke,
schni schna, schni schna, schnucks!

Gebt mir doch Haderlumpen!
Ich hab mein Geld vertrunken.
Hätt ichs nicht vertrunken,
schrie ich nicht »Haderlumpen!«

Kinderlein,
bringts Plünderlein,
ziehts Hemdchen aus,
bringts mir heraus!

Wolle Sie Maroni kaufe?
Zwanzig Rappe der Haufe.
S isch sicher kein einzige flui derbi,
lieber gib i no zwei druberi.
Zwanzig Rappe de Fige,
wer sie net will, lass blibe.
Orange koste zeh Rappe de Stück,
und wer sie net will, der isch verrückt.

Hoppele hoppele ho,
der Kümmelmann ist do!
Er reitet die Gassen auf und ab:
Ihr Leute, kauft mir Kümmel ab!
Der Kümmel ist nicht teuer,
er kostet nur drei und dreier.
Drei und dreier ist nicht viel,
er kostet ja sonst nochmal soviel.

Mi Mueter isch e Lirifrau,
sie liret nit vergäbe,
sie liret um es Stückli Brot,
e halb Maß Wi dernäbe.

Es kimmt e Kaufmann aus Paris,
hat wunnerscheene Sachen,
nich schwarz, nich weiß,
nich ja, nich nein,
nich nicken und nich lachen.
Was wünscht der Herr,
was wünscht der Herr
von diese scheene Sachen?

Ix, ix und ein Zett,
die Studenten sind nett,
ein Zett und ein Ix,
aber taugen tuns nix.

Kadett, Kadett,
Kaldaunenschlucker!
Roten Kragen, nichts im Magen;
goldne Tressen, nichts zu fressen;
Pulver und Blei, nichts dabei.
Kadett, Kadett,
Kaldaunenschlucker!

Mädle, machs Fenster zu,
s kummen Soldaten!
Ich weiß nit, seins unsre Leut,
oder Kroaten.

Hent ihr de Dragoner gsee
mit der lange Flinte?
Gestern ist er z lustig gwee,
morge wird mern henke.
Ei so schlag der Kuckuck drein,
i möcht kein Dragoner sein.

Eins zwei drei vier,
was klopft an die Tür?
Ein armer Offizier.
Was will er haben?
Ein Körbchen voll Rosen und Nelken,
die niemals verwelken.

Weiß Papier und blau Papier,
Mädle, nimm kein Offizier!
Nix im Säckle, nix im Sack,
als ein Päckle Rauchtabak.

Da hinten bei der Linden,
wo der Gugger schön singt,
da tanzt der Einsiedel,
daß die Kutt in die Höh springt.

Ei laß ihn nur tanzen,
ei laß ihn nur sein,
zur Nacht muß er beten
und schlafen allein.

Dort drüben auf dem Hügel,
wo s Füchsle rum lauft,
da sitzt der Einsiedel,
hat die Kutte verkauft.

Bester Herr Pfarr, ich komm zu euch,
all meine Sünden beicht ich euch:
Daß ich hab in dieser Wochen
sieben und zwanzig Töpf zerbrochen,
und dazu einen Essigkrug.
Bester Herr Pfarr, ist das nicht genug?

Pfarrers Kinder, Müllers Küh
geraten selten oder nie.

Es regnet,
Gott segnet.
Die Sonne scheint,
der Mond greint,
der Pfaff sitzt auf dem Laden,
frißt all die Palissaden.
Die Nonne geht ins Wirtshaus
und trinkt die Gläser all all aus.

Gloria, gloria, singt d Pfaffe.
Wenn se e schöns Mädle sehn, deant se lache.

Der Prediger auf der Kanzel,
der predigt wie ne Amsel,
und wenn er nicht mehr weiter kann,
so fängt er wieder von vorne an.
Adje, adje, adje,
ich trinke mein Kaffee.

Der Pfarrer vo Sankt Galle
isch is Gülleloch abegfalle.
Wo n er wider ufe chunt,
stinkt er wie ne Pudelhund.

Unser Herr Vikari
ist ein Himmelsfürst,
und wenn die Bauern metzgen,
so frißt er ihnen d Würst.

Herrmann, sla Lärm an,
slag Pipen, sla Trummen,
der Kaiser will kummen
mit Spießen und Stangen,
will alle uphangen.

Biribiribump,
der Kaiser isch en Lump,
der König isch en Dieb,
und du bischt mer lieb.

Wenn i Kaiser wär,
so wollt i s Land regiere,
wollt die schöne Mädle
in einer Kutschen führe,
und die wüschten sperrt i
in ein Säustall ein.
Wenn i Kaiser wär,
so müßt es sein!

Müller, Müller, Mahler,
die Buben kosten ein Taler,
die Mädle kosten ein Taubendreck,
die kehrt man mit dem Besen weg.

Regen Regen Tropfen,
die Buben muß man klopfen,
die Mädlen in ein seidnes Bett,
die Buben in eine Dornenheck!

Appel Appel Appel,
die Jungens hebbet en Rappel.
Beren Beren Beren,
en Rappel hebbet die Deren.

Der Knaben Treu, die ist so groß,
es trugs kein Wagen und zugs kein Roß.
Der Mädchen Treu, die ist so klein,
es zugs ein Floh an einem Bein.

Denkt ihr denn, denkt ihr denn,
Mädchen wären teuer?
Fünfe für ein Pfennigstück,
sechzehn für nen Dreier.

Hau di nit, stich di nit,
d Messer sind scharf,
d Buebe sind liederli,
d Meitli sind brav.

Glöckelchen op der Mure,
schlät zwölf Uhre.
De Mädcher krigge gebacke Fisch,
de Junge wirf mer unge den Disch.
De Mädcher trinke wiße Wing,
de Junge wirf mer en der Rhing.

Eins zwei drei vier fünf sechs sieben,
wo ist denn mein Schatz geblieben?
In Berlin, in Stettin,
wo die Rosen zweimal blühn.
Jungen schlafen in Ratteneckchen,
Mädchen schlafen in seidnen Bettchen.
Jungen tragen Rattenschwänze,
Mädchen tragen Lorbeerkränze,
Mädchen kommen auf den Ball,
Jungen kommen in Schweinestall.

D Chriesi sind rot, sind roserot,
d Buebe sind falsch bis in den Tod.

Spitze Nase, spitzes Kinn,
wohnt der Teufel mitten drin.

Haar wie Bohnestrau
git e richi Frau.
Haar wie Side
het Chrüz und Lide.

Hast gmeint, du seiest hübsch?
S ist aber nit wahr,
bist kropfet und bucklet
und hast rote Haar.

Meitelei, Meitelei, nit so stolz,
deine Schuh sind bloß von Holz.
Wären sie auch von Edelstein,
ging ich doch nit mit dir heim.

Der Hansel unds Gretel
sind beide brave Leut:
Der Hansel ist närrisch
unds Gretel nit gscheit.

Es regnet, Gott segnet,
die Dächer werden naß.
Ich hatt einmal ein Schatz gehabt,
ich wollt, ich hätt ihn noch.
Er ist aber gestorben
und schläft in guter Ruh.
Er hat ein weißes Hemdchen an
und schwarzgewichste Schuh.

Ich bin dir herzenguldengut,
gelt, du mir auch?
Wenn ich dich seh, dann lächerts mich,
gelt, ich dich auch?

Mein Schatz ist kreideweiß,
hat krumme Glieder,
geht schief zum Tor hinaus,
kommt bucklicht wieder.

Heidelidum, mein Schatz ist krumm,
ich hab ihn sehen hinken,
am Vormittag am rechten Bein,
am Nachmittag am linken.

Ond d Vögeli hand Chröpfli,
sie singed damit;
min Schatz het es Chröpfli,
aber singe chan er nit.

Herztusigs Schätzeli, was soll i tue?
Es wachst mer e Chropf am andere zue.
Haue ne ab, so tuets mer weh,
la ne stah, so han i zwe.

Ich hab ein bös Schätzle,
wenns immer so bleibt,
so stell ichs in Garten,
daß die Vögel vertreibt.

Luschtig is mi Elsi,
wenn i säg, i well sie.
Wenn i säg, i well sie nit,
goht s is Bett und chüßt mi nit.

Ilse Bilse,
niemand will se.
Kam der Koch,
nahm sie doch,
steckt sie in das Ofenloch.

Herr Schmidt, Herr Schmidt,
was kriegt die Jule mit?
Ein Schleier und ein Federhut,
das steht der Jule gar zu gut.

Herr Smidt, Herr Smidt,
wat kriegt din Dochter mit?
Dusend Daler und n Putt vull Grütt,
dat kriegt mine Dochter mit.

Ein ungleich Paar Ochsen,
eine bucklichte Kuh,
die gibt mir meine Mutter,
wenn ich heiraten tu.

Unsre Magd und Pfarrers Magd,
das sind Geschwisterkinder.
Die unser liebt ein Edelmann,
die ander hat ein Schinder.

Blaue Augen sind ein Zier,
braune hat ein jeder Stier.

Braune Augen sind ein Schatz,
graue hat ein jede Katz.

Annebabeli heiß i,
schü bin i, das weiß i,
roti Schueli trag i,
tusig Guldi vermag i,
Chiste und Chäste han i voll,
und ich heiße Babeli Roll.

Kreideweiße Haare,
schwarzgewichste Schuh,
einen Degen an der Seite,
ein Goldstück dazu.
Mein Schatz ist von Adel,
von Adel ist er.
Was hat er denn fürn Tadel?
Keine Wadel hat er.

Es Spinnrad, e Bettstatt,
e tschäggeti Chue,
das git mer mei Vater,
wenn i heiraten tue.

Roter Fuchs, dein Bart brennt an,
schütt ein bißle Wasser dran!

Rot, rot, rot sind alle meine Kleider,
rot, rot trägt Jedermann.
Drum lieb ich auch was rot ist,
weil mein Schatz ein Metzger ist.

Grün, grün, grün sind alle meine Kleider,
grün, grün trägt Jedermann.
Drum lieb ich auch was grün ist,
weil mein Schatz ein Gärtner ist.

Schwarz, schwarz, schwarz sind alle meine Kleider,
schwarz, schwarz trägt Jedermann.
Drum lieb ich auch was schwarz ist,
weil mein Schatz ein Kaminfeger ist.

Weiß, weiß, weiß sind alle meine Kleider,
weiß, weiß trägt Jedermann.
Drum lieb ich auch was weiß ist,
weil mein Schatz gestorben ist.

Hänschen saß im Schornstein
und flickte seine Schuh,
da kam ein schönes Mädchen
und sah ihm zu.

Mädchen, willst du freien,
so freie dich mit mir!
Ich habe noch zwei Dreier,
die will ich geben dir.

Zwei Dreier sind zuwenig,
zwei Groschen sind zuviel,
da bleib ich lieber ledig
und tue was ich will.

Rosmarin und Thymian
wächst in unserm Garten.
Mutter, gib mir einen Mann,
ich kann nicht länger warten.
Höre, was die Mutter sagt:
Sauer ist nicht süße,
nimm dir keinen Pferdeknecht,
der hat krumme Füße.
Nimm dir einen aus der Stadt,
der gewichste Stiefel hat.

Bürstenbinders Tochter
und Besenbinders Sohn,
die haben sich versprochen,
sie wolln einander hon.
Die Mutter kam gelaufen
und schrie im Laufen laut:
Viktoria, Viktoria!
meine Tochter ist ne Braut!
Und wenn sie erst zusammen sind
und haben dann kein Haus,
so setzens sich ins Körbel
und gucken oben raus.

Der erste freit um die Dukaten,
der andre um ein schön Gesicht,
der dritte kann nicht länger warten,
der vierte, weil Mama so spricht,
der fünfte ist nicht gern allein,
der sechste will doch auch mal frein,
der siebente und achte sind so dumm,
die wissen selber nicht warum.

Mi Schatz isch vom Adel,
heißt Annemarie,
hat guldige Wade
und silberige Knie.

Wilhelmine, Wilhelmine,
sag was kosten deine Schuh?
Einen Taler und sechs Groschen
und ein Pfennig dazu.
Einen Ochs und einen Esel,
eine buntgescheckte Kuh,
all das schenkt mir mein Vater,
wenn ich heiraten tu.

Annamie goht mit der Krinolin, Krinolin,
und mit de Händschu aufs Feld.
Allewil kann ma nit Tänzri sin, Tänzri sin,
allewil hat ma nit Geld.

Hammer sla bammer, sla Bustemann tot,
la Lieschen lewen, kann Straten fegen,
kann Betten maken, kann Suppen kaken,
un all so wat kann unse Lieschen maken.

Hans Pitter, nemm mich,
wacker Mädchen ben ich:
kann kochen, kann flecken,
kann nähen, kann strecken.
Hans Pitter, nemm mich,
wacker Mädchen ben ich.

Wir gehn zur Fräulein Rutsch,
wenn se fahren will, hat se kein Kutsch,
wenn se reiten will, hat se kein Pferd,
wenn se kochen will, hat se kein Herd,
wenn se backen will, hat se kei Pfann,
und wenn se heiraten will, kein Mann.

Klei Mädele, Hudelsäckle,
gang an d Bach und wasch di Reckle,
gang i d Bach und wieder drüs,
wäsch di Reckle süfer üs!

Spannenlanger Hansel,
nudeldicke Dirn,
gehn wir in den Garten,
schütteln wir die Birn!

Schüttel ich die großen,
schüttelst du die klein,
wenn das Sackerl voll ist,
gehn wir wieder heim.

Lauf doch nicht so närrisch,
spannenlanger Hans,
ich verlier die Birnen
und die Schuh noch ganz!

Tragst ja nur die kleinen,
nudeldicke Dirn,
und ich schlepp den schweren Sack
mit die großen Birn!

Wenn mein Kathrin nich tanzen will,
dann weet ik, wat ik do,
dann stopp ik se in Hawersack
und bind in oben to.

Wenn hier en Pott mit Bohnen steiht,
und dor en Pott mit Brie,
so lat ik Brie un Bohnen stahn
un danz mit min Marie.

Un wenn Kathrin nich danzen kann,
denn hett se scheewe Been.
Denn treck ik eh den Slaprock an,
denn is dat nich to sehn.

Anna Maria Schlenkerbein
kommt die ganze Woch nicht heim.
Hat gesungen, hat gesprungen
mit dem schiefen Schusterjungen.

Ich und mein altes Weib
können gut tanzen,
ich mit dem Bettelsack,
sie mit dem Ranzen.

Hopp Mariannchen, hopp Mariannchen,
komm, wir wollen tanzen!
Nimm ein Stückchen Käs und Brot,
stecks in deinen Ranzen,
aus dem Ranzen in den Sack,
nimm ein Prischen Schnupftabak!

Widele Wedele,
hinterm Städele
hat der Bettelmann Hochzeit.
Pfeift ihms Läusele,
tanzt ein Mäusele,
s Igele schlägt die Trommel.
Alle Tiere, die Wedele haben,
sollen zur Hochzeit kommen.

Heiderlau,
stirbt meine Frau,
reis ich nach der Wetterau,
hol mir eine andre,
die soll sein
hübsch und fein,
schöner als die andre.

Sechzehn Weiber hab ich jetzt,
fünf will ich verkaufen,
fünf will ich dem Schinder geben,
fünf will ich versaufen.
Wenn die Not am größten ist,
behalt ich doch noch eine,
kommt der Deibel, holt sie mir,
bleib ich halt alleine.

Auf der Höh wächst der Klee,
Futter für mein Gäulchen.
Wenn der Vater ins Wirtshaus geht,
macht die Mutter ein Mäulchen.
Wenn sie aber Kaffee trinkt,
pfeift sie wie ein Distelfink.

Manntje, Manntje, Timpe Te,
Buttje, Buttje in der See,
mine Fru, de Ilsebill,
will nich so, as ik wol will.

Hannes, Hannes Butterbrot
schlägt sein Weib mit Lumpen z Tod.

Wunderlicher Hausstand

Als ich ein armes Weib war,
da zog ich übern Rhein,
beschert mir Gott ein Hühnelein,
war ich ein reiches Weib.
Ging ich über die Wiese,
fragten alle Leut,
wie mein Hühnlein hieße?
Bibberlein heißt mein Hühnchen.

Als ich ein armes Weib war,
da zog ich übern Rhein,
beschert mir Gott ein Entelein,
war ich ein reiches Weib.
Ging ich über die Wiese,
fragten alle Leut,
wie mein Entlein hieße?
Entequentlein heißt mein Entlein,
Bibberlein heißt mein Hühnchen.

Als ich ein armes Weib war,
da zog ich übern Rhein,
beschert mir Gott ein Gänslein,
war ich ein reiches Weib.
Ging ich über die Wiese,
fragten alle Leut,
wie mein Gänslein hieße?
Wackelschwänzlein heißt mein Gänslein,
Entequentlein heißt mein Entlein,
Bibberlein heißt mein Hühnchen.

Als ich ein armes Weib war,
da zog ich übern Rhein,
beschert mir Gott ein Floh,
war ich ein reiches Weib.
Ging ich über die Wiese,
fragten alle Leut,
wie mein Floh denn hieße?
Hüpfinsstroh heißt mein Floh,
Wackelschwänzlein heißt mein Gänslein,
Entequentlein heißt mein Entlein,
Bibberlein heißt mein Hühnchen.

Je länger das Lied geht, desto länger werden die Strophen; und deshalb führen wir hier nur, eins nach dem andern, die Dinge an, die Gott dem armen Weib beschert; sowie die letzte Strophe, in welcher der ganze Hausstand auftritt.

Beschert mir Gott eine Katz;
Sammettatz heißt meine Katz.

Beschert mir Gott ein Hund;
Höllenschlund heißt mein Hund.

Beschert mir Gott ein Schwein;
Schmortöpflein heißt mein Schwein.

Beschert mir Gott eine Geiß;
Schwarzundweiß heißt meine Geiß.

Beschert mir Gott ein Kalb;
Tschilptschalp heißt mein Kalb.

Beschert mir Gott eine Kuh;
Micklemuh heißt meine Kuh.

Beschert mir Gott ein Roß;
Trappinsmoos heißt mein Roß.

Beschert mir Gott einen Stall;
Nachtigall heißt mein Stall.

Beschert mir Gott ein Haus;
Guckheraus heißt mein Haus.

Beschert mir Gott eine Magd;
Unverzagt heißt meine Magd.

Beschert mir Gott ein Knecht;
Machmirsrecht heißt mein Knecht.

Beschert mir Gott ein Mann;
Kegelbahn heißt mein Mann.

Als ich ein armes Weib war,
da zog ich übern Rhein,
beschert mir Gott ein Kind,
war ich ein reiches Weib.

Ging ich über die Wiese,
fragten alle Leut,
wie mein Kind denn hieße?
Frißgeschwind heißt mein Kind,
Kegelbahn heißt mein Mann,
Machmirsrecht heißt mein Knecht,
Unverzagt heißt meine Magd,
Guckheraus heißt mein Haus,
Nachtigall heißt mein Stall,
Trappinsmoos heißt mein Roß,
Micklemuh heißt meine Kuh,
Tschilptschalp heißt mein Kalb,
Schwarzundweiß heißt meine Geiß,
Schmortöpflein heißt mein Schwein.
Höllenschlund heißt mein Hund,
Sammettatz heißt meine Katz,
Hüpfinsstroh heißt mein Floh,
Wackelschwänzlein heißt mein Gänslein,
Entequentlein heißt mein Entlein.
Bibberlein heißt mein Hühnchen.

Nun kennt ihr mich mit Mann und Kind
und all meinem Hausgesind.

Hans, du söllesch hei chom,
d Frau si chrank.
Minetwäge si si chrank,
Giger, spil mer no en Tanz,
eine oder zwee,
dann will i gan und gseh.

Lirum larum Löffelstiel,
der Bantli hätt si Frau verspielt.
Er hätt sie wider gwunne
z Basel an der Sunne.

Hansel am Bach
hat lauter gut Sach,
hats Häusel verbrennt,
hat Lumpen drum ghenkt.

Hansel am Bach
hat lauter gut Sach,
hat Fischlein gefangen,
hat Schuppen heimbracht.

Hansel und Gretel,
zwei listige Leut,
der Hansel ist närrisch,
die Gretel nit gscheidt.

Ach Gottke,
säd Lottke,
seewe Kinder un kein Mann,
wat fang ik armet Mäken an!

Armutei, Bettelei

Lustig, lustig,
lustig ist die Welt.
Wenn die Welt nicht lustig ist,
so haben die Leut kein Geld.

Schnipp schnapp schnorum,
Rex Basilorum,
schnipp schnapp Schnupftabak,
ich hab kein Kreuzer Geld im Sack.

Ich bin der ober Herr
und du der under,
ich han kein Geld im Sack,
und du den Plunder.

Ich bin ein kleiner Pinkel,
ich stehe hier im Winkel,
ich wünsch, ich wünsch, ich weiß nicht was,
greifens in Sack und gebens mir was.

Wenn i kei Geld meh ha,
so weiß i, was i tue,
i legg der Chatz es Schelleli a
und verchauf si für e Chue.

Mein Vater ist ein Appenzeller,
er frißt den Käs mitsamt dem Teller.
Mein Vater ist ein braver Mann,
hat die Sonntagshosen am Werktag an.
Meine Mutter ist ein gute Frau,
und wenn sie hat, gibt sie mir au.
Mein Bruder ist ein Kupferschmied,
und was er sauft, das zahlt er nit.
Meine Schwester hat ein krumme Nase,
sieht aus wie eine Blumenvase.
Mein Onkel sitzt im Schellenhaus
und streckt den Kopf zum Fenster raus.

Lustig und geduldig!
Bin allen Wirten schuldig.
Den Sternenwirt bezahl ich nicht.
Was gibt er mir seine Tochter nicht?

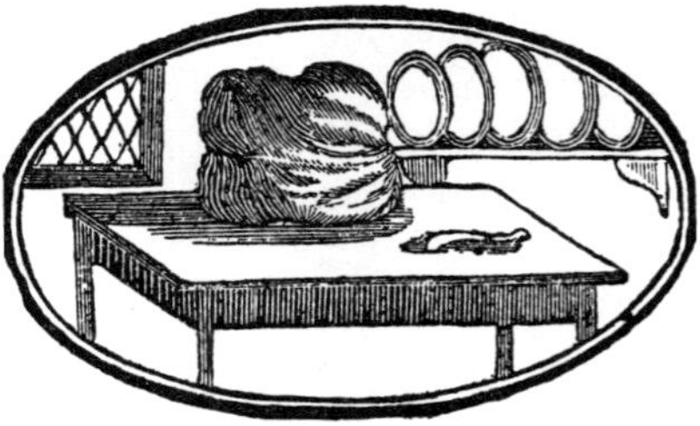

Mutter, gib mir Brot!
Der Müller ist tot,
der Bäck ist krank,
er liegt auf der Ofenbank.

Mein Vögele schickt mi außem Haus,
i han kei Bröckele Brot im Haus,
i han kei Mehl zum Backe;
und wenn i an mein Elend denk,
so wackeln all mein Stühl und Bänk.

Jakob hat kein Brot im Haus,
Jakob macht sich garnichts draus,
Jakob hin, Jakob her,
Jakob ist ein Zottelbär.

Ich bin ein kleiner Pumpernickel,
ich bin ein kleiner Bär,
und wie mich Gott erschaffen hat,
so zottel ich daher.

Du und ich, ich und du,
wer das Geld hat, kauft die Schuh.

Lirum larum Löffelstiel,
arme Leute ham nicht viel.
Reiche Leute essen Speck,
arme Leute ham ein Dreck.

Mein Vater hat e lange Nase,
man könnt grad mit Trompete blase.
Mein Vater ist ein braver Mann,
er stiehlt den Leuten, was er kann.

Hammer nix, hammer nix,
so lasse mer wieder holen.
Hat der Wirt keine Kreiden mehr,
so schreibt er mit den Kohlen.

S kunnt en alder alder Mann
von hundertdrüsig Johren an.
Hat e Barricke vu Gaißehoor,
hat am Huet e schwarzer Flor,
hat rode Rose,
roserode Hose.

Wenn mi alti Schwiegeri stirbt,
so erb i zwo, drei Geiße.
Zwo drei Geiße und e Bock,
und en alte Unterrock.

Bimbam, bimbau,
die Glocke läut zu Spandau.
Wer ist tot? Ohnebrot.
Wer wird ihn denn begraben?
Schulzens schwarze Raben.

Wenn mei alti Nane stirbt,
so erb i ihres Häubli.
Ist das nit e schöni Erb
vom ene alte Weibli?

Wenn mei alte Näni stirbt,
so erb i sine Händsche.
Ist das nit e schöni Erb
vom ene alte Mensche?

Dreilirum, dreilarum,
use Trientjen will starwen.
Wi willt er begraven
mit Kringeln und Klaben,
mit vuller Musik,
denn sunt wi se quitt.

Stirbt der Bauer aus em Haus,
tragen ihn die Nachbarn raus.
Stirbt die Welt allsogleich,
gehn die Engele mit der Leich,
gehn die Engele zwei und zwei,
jetzt ists mit der Welt vorbei!

Lott is dot, Lott is dot,
Jule liggt in Starben.
Dat is got, dat is got,
kriegt wi wat to arben!

Eins, keins, Zuckerbrüh,
wenn der Baum blüht,
hammer Brüh.
Wemmer bache, hammer Brot,
wemmer sterbe, simmer tot.

Die Dorothee, die Dorothee
mit ihrem stumpfen Fuß
ist sieben Jahr im Himmel gwest,
hat wieder raus gemußt.
Ist das nicht ein Deibelsweib,
daß se nicht im Himmel bleibt?

Es isch e Hex im Chämmerli,
die brüllet gar gottsjämmerli.
Schwig, schwig, schwig,
i hau die mit dem Schit.

Es kummt ein Mann,
der hat ein langen Mantel an
und sieben große Taschen drin.
Was hat der Mann denn bloß im Sinn?
Ich sehs ihm an den Augen an:
Wenn einer nit will artig sein,
so packt ern in die Taschen ein.
Der Mann geht fort
und schwimmt bis in den Rhein.
Gell, Bub, da willst artig sein?

Holle holle ho,
der Hurlemann ist do!
Er lauft die Gassen auf und ab:
He, ich kauf euch Kinder ab!

Wigi wagi wei,
sammer Kinder drei,
kimmt der Giger-Gagerma,
hat a schwarzes Hemmad a,
geht zum Brünnle, wascht es aus,
macht a saure Suppen draus.

Habermann, Habermann
hat ein buntes Röcklein an,
hint und vorn mit Schellen,
und als er auf die Straße kam,
da fingen die Hund an zu bellen.
Habermann kumm,
Habermann kumm,
fahr unser Kind im Wagen herum,
schmeiß ihn aber ja nicht um!

Es tanzt ein Bi-Ba-Butzemann
in unserm Haus herum, widibum,
er rüttelt sich, er schüttelt sich,
er wirft sein Säcklein hinter sich.
Es tanzt ein Bi-Ba-Butzemann
in unserm Haus herum.

Es geit es Mandli übers Brüggli,
es het es Säckli uf em Rüggli.
Ds Brüggli chracht,
ds Mandli lacht,
plumps, da lit es dunde.

Narrenzunft

Narro, Narro, Geigenbogen,
was du sagst, is alls erlogen.

Ich möcht für tausend Taler nicht,
daß mir der Kopf ab wäre:
sonst lief ich mit dem Rumpf herum,
und wüßt nicht wo ich wäre.
Die Leut schrien all und blieben stehn:
Ei guck mal den! Ei guck mal den!

Laß ihm, laß ihm seinen Willen,
denn er hat den Kopf voll Grillen.

O du dummer Geil!
Bist mer lang schon feil.
Solche Gimpel gibts noch viel,
sieben um ein Besenstiel.

Ich bin ein kleiner Stumpen,
kann juchzen, johlen, gumpen.
Ich bin von uns der Jüngst,
aber doch noch nicht der Dümmst.

Der Gögel in der Hütte
hatt ei krumme Kuh,
er wollt sie lehre geigen
und tanzen derzu.

Ich bin der Geigelmann,
du bist der Tanzer.
Ich bin ein halber Narr,
du bist ein ganzer.

Ein lustiger Bue
braucht manchs Paar Schue.
Ein trauriger Narr
hat lang an eim Paar.

Der Hurrlibueb, der Hurrlibueb,
er hocket uf der Tanne,
er liest die grünen Birli ab,
die gälen läßt er hange.

Tanze, tanze, Telemann!
Die Katze hat den Schwanz verbrannt
in der kühlen Kachel,
da muß der Telemann lachen.
Kikeriki!

Pumpernickel, Pumpernickel
saß auf einer Weide.
Ich dacht, es wär ein Edelmann,
wars ein ruppiger Schneider.

Hopp, hopp, Popelmann,
unsre Katz hat Stiefeln an,
geht zum Bründel,
findt ein Kindel.
Wie solls heißen?
Zuckermündel.

Michel,
hol die Sichel,
geh aufn Acker,
schneid wacker,
hau hoch, hau nieder,
komm dein Leben nicht wieder!

Fritze Grütze
Haberschnitze
frißt ein Kalb,
reichts ihm halb,
frißt eine Kuh,
hat noch nicht gnu,
frißt ein Roß mitsamt den Eisen:
wer möcht doch den Fritze speisen?

Frau von Hagen,
darf ichs wagen,
Sie zu fragen,
wieviel Kragen
Sie getragen,
als Sie lagen
krank am Magen
im Spital zu Kopenhagen?

Annemarei
und sonst noch drei
sind zsammen gsessen
und haben ein Korb voll Birnen gfressen.

Pumpernickel, Kirschenstein,
die Mutter packt mich fest am Bein,
zieht mich in das Ofenloch.
Guckuck, Mutter, ich lebe noch!

Hannchen, putz Licht,
putz es fein säuberlich,
steck den Finger in Arsch
und verbrenn dich nicht.
Hannchen, putz Licht!

Joseppeli Schneppeppeli
hats Häusle anzündt,
da ist ihm die Mutter
mit der Rute nachgrennt,
um die Schür und ums Haus,
ums Haus und um die Schür.
Joseppeli Schneppeppeli,
spiel nimmer mit dem Für!

Hans, mein Sohn, was machst du da?
Vater, ich studiere.
Hans, mein Sohn, das kannst du nicht.
Vater, ich probiere.

Hans, mein Sohn, du ärgerst mich.
Vater, das ist Mode.
Hans, mein Sohn, ich schlage dich.
Aber nicht zu Tode!

Hans im Schneckenloch
hat alles, was er will,
und was er will, das hat er nicht,
und was er hat, das will er nicht.
Hans im Schneckenloch
hat alles, was er will.

Gretel Pastetel,
was machen die Gäns?
Sie sitzen im Wasser
und waschen die Schwänz.

Heut abend auf dem Ball
tanzt der Herr von Zwiebel
mit der Frau von Petersil:
ach, das ist nicht übel.

O du lieber Augustin,
alles ist hin, hin, hin,
o du lieber Augustin,
alles ist hin.

Rock ist weg, Stock ist weg,
Augustin liegt im Dreck.
O du lieber Augustin,
alles ist hin.

Napoleon, Napoleon,
was macht denn deine Frau?
Sie wäscht sich nicht,
sie kämmt sich nicht,
sie ist eine alte Sau!

Alte Bekannte

Napoleon ist nimmer stolz,
er handlet jetzt mit Schwefelholz.
Er geht die Gassen auf und ab
unds kauft ihm niemand ein Schwefelholz ab.
Mit Schwefelholz ists nicht genu,
er handelt auch mit Finkenschuh.

Tell, Tell, Tell,
trotziger Rebell,
schießt deim liebsten Kind
einen Apfel ab dem Grind.

Sairas, sairas, sairassa,
Geld ist besser als Astria,
Astria ist Lumpengeld,
Patrioten ziehn ins Feld
ohne Strümpf und ohne Schuh
kehren sie wieder der Heimat zu.

Die Schweden sind kumma,
ham alles mitgnumma,
ham die Fenster neigschlagen,
hams Blei davontragen,
ham Kugeln draus gossen
und alle derschossen.
Eia Victoria, jetz hat der Krieg ein End

Am Brunnen vor dem Tore,
da steht ein Birnenbaum,
er trägt so süße Äpfel,
man sieht die Zwetschgen kaum.

Zu Straßburg auf der Schanz,
da verlor die Kuh den Schwanz.
Man band ihr eine Schnur daran,
damit sie wieder schwänzeln kann.

Robinson, Robinson,
fuhr in einem Luftballon
in die Höh, in die Höh
mit der Jungfer Salome.

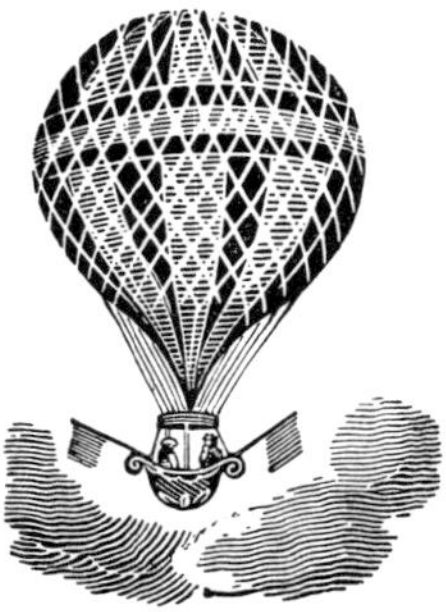

Die Franzosen
mit den roten Hosen,
mit den gelben Epauletten
fressen gerne Omeletten.

Ich hat einen alten Karren,
einen bessern findst du nicht.
Als ich fuhr über die Kornhausbrücke,
sank er in hundert Stücke,
als wärs ein Stück Papier.

Rufst du, mein Vaterland,
gib mer e Wurst in d Hand
und e Glas Wein.
Tu mer kei Wasser drein,
daß ich mag fröhlich sein.

Wem Gott will rechte Gunst erweisen,
den schickt er in die Heilsarmee,
den will er mit Kartoffeln speisen
und tränken mit Kamillentee.

Heilsarmee
hat Läus und Flöh,
die schwenken sie im Zürichsee.

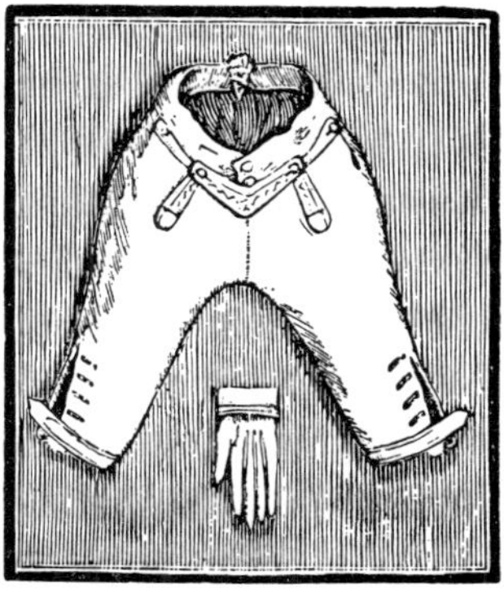

Doktor Martin Luther
hat Hosen ohne Futter,
Schuh ohne Sohlen,
die Handschuh hat er gestohlen.

Hier in diesem Sudder
liegt Doktor Martin Luther.

Mit diesem Vers verspotten die katholischen Schulkinder die Protestanten; diese erwidern:

Und noch etwas teifer drein
liegt der Papst, das dicke Schwein.

Katholischer Bock,
stehst auf dem Stock,
stehst auf dem Stumpen,
kannst mit dem Teufel in d Höllen gumpen.

Schwob, Schwob, Schwob,
henk di an e Wog,
henk di an en Besenstiel,
der Teufel holt di, wann er will.

Petrus mit dem Himmelsschlüssel
haut dem Paulus auf den Rüssel.
Doch der Paulus, auch nicht faul,
haut dem Petrus auf das Maul.

Der Peter und der Paul,
die handeln um ein Gaul.
Da nimmt der Peter s Wagenbrett
und haut dem Paul den Kopf hinweg.

Eins zwei drei vier fünf sechs sieben,
Petrus und Johannes schrieben
an Marie, aus Paris
in das schöne Paradies.

Adam und Isaak,
die hauten sich mit Zwieback,
der Zwieback brach entzwei,
Abraham kriegt das Ei.

Adam un Ev
waren zween Äppeldef.

Eva Nahm Den Epfel,
Eva Darf Nicht Essen,
Eva Nahm Doch Einen,
Ei Du Narrete Eva!

KLUGE SACHEN

A b c d e f und g,
h i k l m n o p,
q r s t u v w,
x y z und o weh,
jojo, jetzt kann ichs Abc.

A b c,
die Katz lief über den See,
die Katz lief über den Sack,
bringt dir ein Pfund Schnupftabak.

A b c d e,
der Kopf tut mir weh,
f g h i k,
der Doktor ist da,
l m n o,
jetzt bin ich froh,
p q r s t,
es ist wieder gut, juchhe!
u v w x,
jetzt fehlt mir nix,
y z,
jetzt geh ich ins Bett.

A b c,
die Katze lief im Schnee.
Als sie wieder raus kam,
hat sie weiße Stiefeln an.
Da ging der Schnee hinweg,
da lief die Katz im Dreck.

Ene mene Tintenfaß,
geh in die Schul und lerne was.
Ene mene Sandbüchs,
bleib daheim, du kannst nix.

Unser Schaulmester es en gelärden Mann,
schade, dat he nit räknen un schriwen kann!

Lirum, larum, Löffelstiel,
wer nichts lernt, der kann nicht viel.

Ich heiß Peter, du heißt Paul,
ich bin fleißig, du bist faul.

Sechs mal sechs ist sechsunddreißig,
und die Kinder sind so fleißig,
und der Lehrer ist so faul
wie ein alter Droschkengaul.

Nun danket alle Gott,
die Schule macht Bankerott,
die Fenster aufgerissen,
die Lehrer rausgeschmissen,
den Stecken hintennach,
dann hammer en scheenen Dag.

Französisch

Madmaselle Pimpernelle,
votre chemise n'est pas belle.

Chacun à son gout:
die Kuh schreit muh,
der Esel i-a,
die Henne gi-ga.

Schätzeli, es-tu fachée,
fachée contre moi?
So nimen i en anderi,
me fiche pas mal de toi.

Un, deux, trois, quatre,
Müllers Kuh steht zu Gevatter,
un, deux, chanchez-vous,
Müllers Esel, der bist du!

So wie das böse Ziegenbock
die grüne Blatt am Rosenstock
mit seine Maul abbeißen tut,
so macht die Tod das Mensch kaput.

Mit diesem Reim verspotten die Schulkinder in der Schweiz ihre Mitschüler, deren Muttersprache französisch ist.

Guete Tag, mon cher Papa!
Bisch du au scho wieder da!
Parler français han i glehrt,
toute la boutique ganz verkehrt.
Notre chat het Junge gha,
in dans une petite Zeine.
Il m'a voulu z Gvatter ha,
mais je n'étais pas daheime.

Qu'est-ce que c'est, was ist denn das?
L'encrier, das Tintenfaß,
le boeuf, der Ochs,
la vache, die Kuh,
fermez la porte,
machs Türchen zu.

Kauderwelsch

Quunk quai quenni monni denni monni nasi,
quunk quai qua, quunk quai qua.
O lazaroni, o nigodeni, scharma dunk wa de junk.
Quunk quai quenni monni denni monni nasi,
quunk quai quorum, quunk quai qua.

Ene mene mente, locum tocum tente,
carabutti carabutti,
locum tocum witsch watsch ab drum.

Ane zwane drane väre funke,
sake knake zepple bohne baffs.

Äne, däne, diadee,
Diadee di Salome,
Salome, digattriga,
gattri, gattri, gums.

Eni beni suptraheni,
divi davi domi neni,
ecca brocca, casa nocca,
zingele, zangele, dus.

Anege hanege
serege sirige
ripeti pipeti knoll.

Chinesisch

Anzkiis kwanzkiis kurschpiis kluus,
ee pee tipsi ee lee muus,
icki picki, grammatiki,
ucki pucki kleinkarnuus.

Ong drong dreoka,
lembo lembo seoka,
seoka di tschipperi,
tschipperi di kolibri,
ong drong dreoka.

Öne töne to, Gapernelle no,
Isabelle, Pumpernelle,
ibeli, bibeli, pump.

Ene mene minke tinke,
wade rade rollke tollke,
wiggel waggel weg.

Enn, endenn, endid, endad,
zeba di beba, di buffanat,
zeba di beba di buff.

Enchen, denchen, dittchen, dattchen,
sibeti, bibeti, bonchen, battchen,
sibeti, bibeti, buff.

Zählkunst

Ich und du und dem Müller sein Kuh
und dem Müller sein Stier
sind unser vier.

Twe Eier in Pott,
twe Ogen in Kopp,
een Hart in Live,
maakt dat nig five?
Dre Soldaten up der Wacht,
maakt dat nig acht?
Een Offizier mitn Degen,
maakt dat nig negen?
Een Schipskaptein,
maakt dat nig tein?

Eins, zwei, Papagei,
drei, vier, Offizier,
fünf, sechs, alte Hex,
sieben, acht, Kaffee gemacht,
neun, zehn, weiter gehn,
elf, zwölf, junge Wölf,
dreizehn, vierzehn, Haselnuß,
fünfzehn, sechzehn, du bist duß.

Eins zwei drei vier fünf sechs sieben acht neun,
das Schiff fährt über den Rhein,
das Schiff, das ist zerbrochen,
geh raus, du alter Knochen.

Eins zwei drei vier fünf sechs sieben,
wo sind denn die Franzosen blieben?
Zu Moskau in dem tiefen Schnee,
rufen alle: Mundiö, mundiö.

Eins zwei drei vier fünf sechs sieben,
Gott hat mir drei Brief geschrieben,
ein für mich und ein für dich
und ein für Bruder Heinerich.

Es sitzt ein Adler auf dem Dach,
es regnet und er wird nicht naß.
Er zählet seine Federlein,
es müssen zweiunddreißig sein.

Bei diesem wie den folgenden Reimen wird für jede betonte Silbe ein Strich aufs Papier gemacht; dann soll die angegebene Zahl herauskommen.

Liederle Lederle, flick mir d'Schuh,
gib mirs Leder auch dazu.
Ist kein Gerber in der Stadt,
der ein solches Leder hat?
Unsre Magd heißt Dorothee,
fragt mich, wem das Leder ghör?
Ghört nicht mein, ghört nicht dein,
zweiunddreißig müssens sein.

Unser kleiner Benjamin
sitzt auf einer Nessel grün,
sitzt auf einer Kerchen
mit vierhundert Lerchen,
mit vierhundert Häselein:
vierundzwanzig müssens sein.

Eins zwei drei,
fimmelti fammelti fei,
fimmelti fammelti fimmelti faff:
wenn ich gleich nicht zählen kann,
zwanzig stehen doch daran.

Zungenbrecher

In Ulm, um Ulm
und um Ulm herum.

Der Schmied beschließt die Schmiede,
die Schmiede hat der Schmied beschlossen.

Ob er aber über Oberammergau,
oder ob er aber über Unterammergau,
oder ob er aber überhaupt net kommt,
sell isch net gwiß.

Metzger, wetz mers Metzgersmesser,
Metzger, wetz mers guet.
Am Fritag mues i en Metzger metzgen,
Metzger, wetz mers guet!

Fischers Fritz fischt frische Fische,
frische Fische fischt Fischers Fritz.

Wenn Wasser Wein wär,
wie wollten welsche Walliser Wäscheweiber
wüschte Windle wieder weiß wasche?

Ein Bige Boge Postpapier,
zwei Bige Boge Postpapier,

und so weiter, so viel man in einem Atemzug zählen kann.

Jakob,
du Wakob,
du Rudikatakob,
du rudikatulikatholischer Jakob!

Es hat mir träumt, es hätt mir träumt,
es hätt mir zweimal ds selbe träumt.
Ist denn das net überträumt,
wenns eim träumt, es hätt eim träumt,
es hätt eim zweimal ds selbe träumt?

Es reiten drei Reiter um den Ararat herum.

Das Eckenbäcken Deckbett
het vier Ecken ghet,
vier Ecken het ghet
des Eckenbäcken Deckbett.

Ein Meßwechsel und eine Wachsmaske,
eine Wachsmaske und ein Meßwechsel.

Der Kottbuser Postkutscher
putzt den Kottbuser Postkutschkasten.

Eseln essen Nesseln nicht,
Nesseln essen Eseln nicht.

Dies ist ein Scheit.
Dies ist ein Schleißenscheit.
Dies ist ein wohlgeschlissenes Schleißenscheit.
Das schickt die Frau Weißen aus Meißen
und läßt sagen frei,
daß sie die allergeschickteste
Schli-Schla-Scheitschleißerin sei,
und ihr Mann, der Fritze,
hinter der Scheune sitze
und fleißig Schli-Schla-Schleißenscheite schnitze.

Es kam ein Schiff von Laufenburg,
es war beladen mit Hirschen,
mit Kirschenmirschen, Krispenkraspen grün,
da kam der König von Mähren
und fragte, ob Kirschenmirschen,
Hirschen, Krispenkraspen grün da wären.

Nimm das hin!
Was ist das?
Ein schöner Ring.
Was steht darin geschrieben?
Drei schöne Jungfrauen.
Die erste heißt Pinka,
die zweite Knoblapinka,
die dritte Schnicknicknacknoblapinka.
Da nahm Pinka einen Stein
und warf ihn Schnicknicknacknoblapinka ans Bein
da fing Schnicknicknacknoblapinka an zu schrein.

Es war einmal ein Mann,
der hatte drei Söhne.
Der eine hieß Schack,
der andre hieß Schackschawwerack,
der dritte hieß
Schackschawwerackschackommini.
Nun war da auch eine Frau,
die hatte drei Töchter.
Die erste hieß Sipp,
die andre hieß Sippsiwwelipp,
die dritte hieß Sippsiwwelippsippelimmini.
Und Schack nahm die Sipp,
Und Schackschawwerack nahm Sippsiwwelipp,
und Schackschawwerackschackommini
nahm Sippsiwwelippsippelimmini zur Frau.

Hansen Hansens Hans hackte Holz.
Hätte Hansens Hannchen
Hansen Hansens Hans Holz hacken hören,
hätte Hansens Hannchen
Hansen Hansens Hans Holz hacken helfen.

Rätsel

Ein Tal voll und ein Land voll,
und am End ists keine Handvoll.

Ein langer Narr, ein dürrer Mann,
hat hunderttausend Schellen an.

Ein langer, langer Baum
mit zweiundfünfzig Äst,
auf jedem Ast ein Nest,
in jedem sieben Eier,
in jedem Ei ein Gelbs
mit vierundzwanzig Dotter.

Es sitzen zweiunddreißig Gesellchen
in einem kleinen Ställchen,
sind lustig und munter,
gehen auf und unter,
und ein rotes Möpschen dabei:
so sitzen sie schön in einer Reih.

Was ist grüner als der Klee?
Was ist weißer als der Schnee?
Was ist schwärzer als die Kohl?
Bist du ein braver Jung, du erratst es wohl.

Nebel · Pappel · Das Jahr · Die Zähne · Holunder

Rulle rulle Wagen,
kann hunnert Last tragen,
sunner Peerd, sunner Rad,
rat mal, wat is dat?

Es spinnt ein Täubchen ohne Faden,
es näht ein Täubchen ohne Nadeln.
Wenn du es kannst erraten,
will ich dir ein Hühnlein braten.
Wenn du es kannst erdenken,
will ich dir ein Gänslein schenken.

Zu Köllen in dem Dom,
da steht eine gelbe Blom.
Wie sie länger steht,
wie sie mehr vergeht.

Was liegt auf dem Rasen,
hat vierundvierzig Nasen?

Wenns an der Wand hängt, ists traurig,
wenns herunterkommt, wirds lustig.

Steht etwas am Rain,
hat bloß ein Bein,
einen verdrehten Zopf
und das Herz im Kopf.

Von außen glatt, von innen rauch,
gedrang erfüllt ist mir der Bauch
mit Spänen oder grobem Haar,
und platz ich nicht, ists wunderbar.
Manch harter Schlag wird mir gegeben,
daß ich muß auf und nieder schweben.
Ich armer Tropf, wie ist mir weh!
O läg ich tief in einem See.

Vor meines Vaters Kammer,
da hängt ein blanker Hammer.
Wer damit zimmern kann,
das ist ein künstlicher Mann.

Weiß von Leib, blaues Kleid,
oben spitz und unten breit,
durch und durch voll Süßigkeit.

Rechen · Gitarre · Kohlkopf · Ball · Eiszapfen · Zuckerhut

De litje Jann Tölken
sat upn Kakstölken,
je länger dat he sat,
je lütjer dat he was.
Bums, lag he rin!

Immer und immer
viel tausend Zimmer,
eine beinerne Wies,
jetzt rat, was das is.

S ist drinnen nicht und draußen nicht,
es greint und hat kein Angesicht.

A rots Jackl,
a schwarzs Kappl,
a Bauch voll Stein,
was mag das sein?

Ihr lieben Leut,
was das bedeut:
hat sieben Häut,
beißt alle Leut?

Erst weiß wie Schnee,
dann grün wie Klee,
dann rot wie Blut,
schmeckt allen Kindern gut.

Docht · Friedhof · Fenster · Hagebutte · Zwiebel · Kirsche

Ich rede ohne Zunge,
ich schreie ohne Lunge,
ich hab auch kein Herz,
und nehm doch teil an Freud und Schmerz.

Was hat sechs Beine und geht nur auf vier?
Was ich damit meine, das sage mir!

Es kam ein Mann aus Ägypten,
er hat ein Kleid aus tausend Stücken,
er hat ein knöchern Angesicht,
hat einen Kamm und kämmt sich nicht.

Witschel watschel,
geht über die Brücken,
hat dem König
sein Bett auf dem Rücken.

Der es macht, der braucht es nicht,
der es kauft, der will es nicht,
der es braucht, der weiß es nicht.

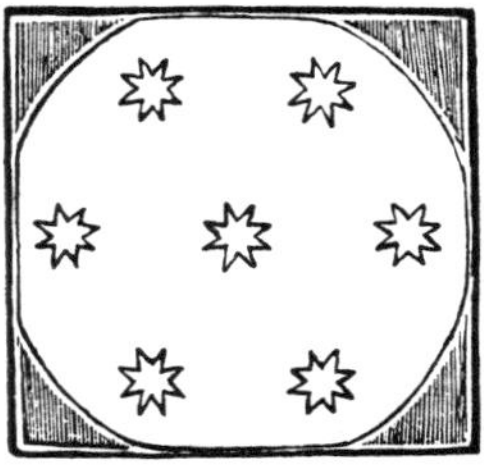

S ist etwas kleiner als ne Maus
und füllt doch alle Stuben aus.

Sitzt einer auf dem Dach und raucht,
der weder Pfeif noch Tabak braucht.

Fünf Höhlen in einem Loch:
rate, was ist das doch?

Ein eisernes Gäule
und ein flächsernes Schwänzle.
Je ärger das Gäule springt,
je kürzer wirds Schwänzle.

Drei Starke sah ich, rat mir das,
die schafften ohne Unterlaß.
Der eine sprach: o wär es Nacht!
Der andre: wär der Tag erwacht!
Der dritte sprach: Nacht oder Tag,
keine Ruh ich jemals haben mag.

Der arme Tropf
hat einen Hut und keinen Kopf,
und hat dazu
nur einen Fuß und keinen Schuh.

Es flog ein Vogel federlos
auf einen Baum blattlos.
Da kam die Frau mundlos
und aß den Vogel federlos.

Schornstein · Handschuh · Nadel und Zwirn ·
Sonne, Mond und Wind · Pilz · Schnee und Sonne

Es liegt was unter den Bänken
mit vierundzwanzig Gelenken.

Hebbt i nich seen dat grote Ding,
dat gestern Abend upn Karkhof ging?
Roe Strumpe un lange Been:
ik heb noch min Leben son Ding nich seen.

Vorne wie ein Kamm,
mitten wie ein Lamm,
hinten wie ne Sichel,
rats, mein lieber Michel!

Die Sonne richts, die Hand brichts,
s Maul ißts, der Fuß tritts.

Es saß eine Jungfrau auf einem Baum,
hat ein rotes Röcklein an.
In ihrem Herzen war ein Stein.
Rat, was mag das sein?

Es sagt der große Alexander:
Es laufen viere miteinander.
Das erste lauft und wird nicht matt,
das zweite frißt und wird nicht satt,
das dritte sauft und wird nicht voll,
das vierte blast und tönt nicht wohl.

Kette · Storch · Hahn · Traube · Kirsche · Die vier Elemente

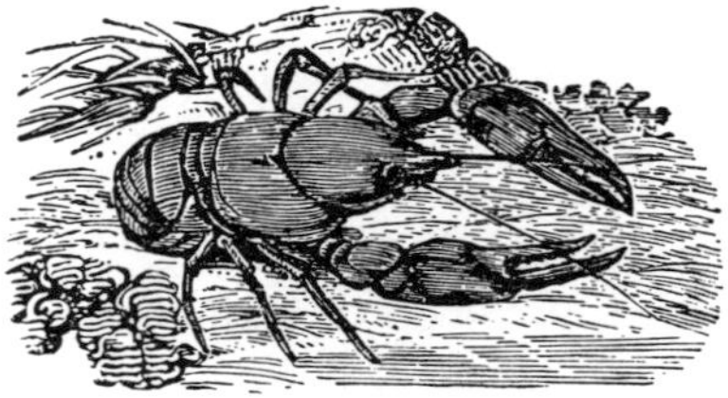

Rot und gut,
hat Fleisch und kein Blut.

Ich weiß ein kleines weißes Haus,
hat keine Fenster, keine Tore,
und will der kleine Wirt heraus,
so muß er erst die Wand durchbohren.

Möcht wohl wissen, wer das ist,
der immer mit zwei Löffeln frißt.

Ich gehe alle Tage aus
und bleibe doch in meinem Haus.

Es sind zwei Bretter, gleich geschnitten,
sie kommen beide vom Himmel geritten,
eins bei Tag und eins bei Nacht.

Rate, was ich habe vernommen:
Es sind achtzehn fremde Gesellen
ins Land gekommen,
zu malen schön und säuberlich,
doch keiner einem andern glich,
all ohne Fehler und Gebrechen,
nur konnte keiner ein Wort sprechen.
Und damit man sie sollte verstehn,
hatten sie fünf Dolmetscher mit sich gehn,
das waren hochgelehrte Leut,
der erst erstaunt reißts Maul auf weit,
der zweite wie ein Kindlein schreit,
der dritte wie ein Mäuslein pfiff,
der vierte wie ein Fuhrmann rief,
der fünft gar wie ein Uhu tut,
das waren ihre Künste gut.
Damit erheben sie ein Geschrei,
füllt noch die Welt, ist nicht vorbei.

BICKE BACKE BEI

Eins zwei drei,
bicke backe bei,
bicke backe Pfannenstiel,
sitzt a Manderl auf der Mühl,
hat a staubigs Hüeterl auf,
mit ana großen Federn drauf.

Itzen ditzen
Silberschnitzen,
itzen ditzen daus
und du bist draus!

Ene mene mintzen,
wer backt Plinzen?
Wer backt Kuchen,
der muß suchen.

Schickle Scheckle,
Bohnensteckle,
Schnellebelle,
Trillebille,
Gnuppe, Knolle, Knopf.

Figgi faggi dominus,
du bist hier und du bist duß.

Einige, benige, biggebeu,
steck das Messer in das Heu.
Eins zwei drei,
Bub, hol Wein,
Knecht, schenk ein,
Herr, sauf aus,
und du bist draus.

S ist ein Herr in Garten gange,
wieviele Vögel hat er gfange?
Eins zwei drei, higge hagge hei,
Schnürle zoge, Fälleli glüpft,
der und der ist ausgeschlüpft.

Hoppe, hoppe, Hämmerlein,
der Teufel sitzt im Kämmerlein,
er hat ein goldnes Hütchen auf,
wieviele Federn hat er drauf?

Der zuletzt Getroffene nennt eine Zahl,
die nun weiter abgezählt wird.

Nadel, Faden, Fingerhut,
stirbt der Baur, so gehts nicht gut,
stirbt die Welt, so wird es Tag,
fahren die Engele ins Grab.

Eichen, Buchen, Tannen,
und du mußt fangen.
Eichen, Tannen, Buchen,
und du mußt suchen.

Fidariz und fidaratz,
die Maus ist kein Spatz,
der Spatz ist kei Maus,
und du bist drauß.

Ennege, bennege, rumpeldi,
riffel, raffel, mannewi,
Anken, Beeren, Schmalz,
Hafer, Mehl und Salz,
Tinte, Pfanne, tuß,
für ein Kreuzer Nuß,
für ein Kreuzer Bärendreck
haut mer dir den Kopf hinweg.

Es rugelet eppers Bärgli ab,
es isch de Herr Professor.
Wieviel Äpfel het er gesse?
Eis, zwei, drei ,vier, füf,
piff, paff, puff,
und du bisch duß.

Gling, glang, glarius,
Galgevögeli, du bist duß.

Änige, bänige, doppeldee,
triffel, traffel, trummermee,
Sündernot, Schwarzer Tod,
rußige Pfannen, draußengstanden.

Eine Nuß und eine
wachsen aus dem Steine,
wachsen aus dem Grunde,
kommen Jägers Hunde,
Jägers Hunde müssen sein,
daß die Hasen im Walde bleibn,
du bist weg.

Up der See is grote Not,
dar is n Schipper blewen dot.
All de mit mi tor Lieke gaht,
de schölt de Kost betalen.
Immer, ammer, otter, dammer,
pirum, parum, puff!
Trummelsläger duff!

Annchen, Dannchen, Dittchen, Dattchen,
teber de beber de bittchen battchen,
teber de beber de bu, ab bist du.

Auf einem Gummi-Gummi-Berg,
da wohnt ein Gummi-Gummi-Zwerg,
der Gummi-Gummi-Zwerg
hat eine Gummi-Gummi-Frau,
die Gummi-Gummi-Frau
hat ein Gummi-Gummi-Kind,
das Gummi-Gummi-Kind
hat ein Gummi-Gummi-Kleid,
das Gummi-Gummi-Kleid
hat ein Gummi-Gummi-Loch,
und du bist es doch!

Een twee dree veer fief söß söbn,
unse Katt het Junge kregn,
eene witt, eene swatt,
eene ganz verdübelte Katt.

Eine beine Rätsel,
wer backt Brezel?
Wer backt Kuchen?
Der muß suchen.

Eine deine dumme Käth,
wemmer metze, hammer Speck,
wemmer bache, hammer Brot,
wemmer sterbe, sammer tot.

Eins zwei drei vier Finkenstein,
wer nicht will, der muß es sein.

Eins zwei drei vier fünf sechs sieben,
eine alte Frau kocht Rüben,
eine alte Frau kocht Speck,
und du bist weg!

Eins zwei dreie,
bicke backe beie,
bickebacken oben droben,
s wurden mal zwei Kinder geboren
uf der Schäfereie.
Die eine hieß die Bickebelle,
die andre hieß Kartoffelschelle,
Bickebelle kommt ins Haus,
treibt uns all die Hühner aus.
S ist ein roter Hahn dabei,
dies und das soll deine sein.

Eins zwei drei,
du bist frei.
Vier fünf sechs,
du bist nex.
Sieben acht neun,
du mußts sein.

Eins zwei drei vier fünf sechs sieben,
wo sind die Soldaten blieben?
In Moskau stecken sie im Schnee
und schreien alle oweh, oweh!

Eins zwei drei vier fünf sechs sieben,
auf dem hohen Berge drüben
steht ein Schloß von blanken Zinnen,
wohnt ein alter Riese drinnen.
Fällt der Ries den Berg hinab,
bricht er sich die Beine ab,
doch geht er auch ohne Bein,
kann ja zaubern! – Du sollst sein.

Um was wollen wir wetten?
Um drei goldene Ketten,
um eine Flasche Wein,
und du mußts sein.

Eins zwei drei vier fünf sechs sieben,
wo bist du so lang geblieben?
Bei dem Schuster dickt dickt dickt,
der hat mir meine Schuh geflickt.

Eins zwei drei vier fünf,
strick mir ein Paar Strümpf,
nicht zu groß und nicht zu klein,
sonst mußt du der Haschmann sein.

Eins zwei drei vier,
vor dem Goldschmied seiner Tür,
da saßen zwei Täubchen
mit goldenen Häubchen,
die flogen nach Dresden
auf goldenen Besen,
die flogen nach Halle
auf goldener Schnalle,
von da in den Dreck,
putsch! waren sie weg.

Ele mele menk,
ticke tacke tenk,
ulen drulen droß,
ver fief soß,
op de Ledder, op de Lin,
du sast Peter Pumpsack sin.

Ene mene mente,
drei goldne Ente,
drei goldne Tücher,
drei goldne Bücher,
schnipp schnapp, Hahn ab,
geh du kleiner Hundsfott ab.

Es ist ein Herr in Garten gangen.
Rat, wieviel Vögel hat er gefangen?
Eins zwei drei,
die andern sind vorbei.
Rips, raps, raus,
du bist drauß.

Ene tene tuchen,
wer muß suchen?
Enen tenen darf,
zittern zeddern zarf,
zarfijon,
picklimon,
enen tenen ton
und du bist dron.

Enige menige tumpelti,
tifel tafel nummeni,
Eckebrot in der Not,
eins zwei drei
und du bist frei.

Es ging ein Mann den Berg hinauf,
da begegnet ihm ein Geist.
Da hub er seinen Stecken auf
und sprach: wieviel du weißt.

Der, auf den das letzte Wort fällt, muß eine Zahl angeben; diese wird reihum abgezählt; ebenso beim nächsten Vers.

Itzen, ditzen, Silberschnitzen,
itzen, ditzen, drauß.
Drauß bist du noch lange nicht,
sag mir erst, wie alt du bist.

Ene mene Miesmaus,
lief ums Rathaus,
schillewipp, schillewapp,
du bist ab.

Käfer, flieg ins Bäckerhaus,
hol ein Korb mit Kuchen raus.
Mir ein, dir ein,
und du sollst der Käfer sein.

Immchen Dimmchen Zuckerlimmchen,
geh mit mir nach Harselimmchen,
Harselimmchen ist nicht weit,
vierundzwanzig Stunden breit.
Hinter der Kirche liegt der Sand,
ausgebogen Engelland,
Engelland und Spanien,
dip dap danien,
und du mußt es sein!

Zehn Sanitäter
hüpfen in die Räder,
hüpfen wieder raus,
und du bist drauß.

Ich zähle bis zehn,
die Mühle bleibt stehn.
Ich zähle bis hundert,
die Mühle geht unter.
Ich zähle bis tausend,
die Mühle geht sausend.

Nigel Nagel Fingerhut,
wenn du stirbst, so gehts dir gut,
gehen drei Engel mit der Leich,
tragen dich ins Himmelreich.
Kommt ein altes Weib,
reißt dir ein Stück vom Leib,
kommt ein alter Mann,
flickt dirs wieder dran.
Eins zwei drei,
nigel nagel nei,
nigel nagel nuß,
du bist wahrhaftig duß.

Pieter Peter Isenstrick,
sieben Katzen schlugen sich
in der düstern Kammer
mit dem blanken Hammer.
Eine kriegt nen harten Schlag,
daß sie hinter der Türe lag.
Piff, paff,
du bist af.

RINGELSPIEL

Ringele ringele reihe,
sind wir Kinder dreie,
sitzen auf dem Hollerbusch,
schreien alle: Musch, musch, musch!
Setzt euch nieder!

Es sitzt eine Frau im Gartenhaus
mit sieben kleinen Kinderlein.
Was essens gern? Fischelein.
Was trinkens gern? Roten Wein!
Setzt euch nieder!

Ringele ringele Reihe,
wir sind unser zweie,
wir schlupfen durch den Holderstock,
duseli, duseli, dok dok dok!

Petersilje Suppenkraut
wächst in unserm Garten.
Unser Annchen ist die Braut,
soll nicht lang mehr warten.
Roter Wein und weißer Wein,
morgen soll die Hochzeit sein.

Statt »Annchen« wird der richtige Name des Mädchens eingesetzt.

Eine kleine Zipfelmütze
geht in unserm Kreis herum.
Dreimal drei ist neune,
ihr wißt ja wie ichs meine,
dreimal drei ist neun,
und eins dazu ist zehn,
Zipfelmütz, bleib stehn, bleib stehn!
Sie schüttelt sich,
sie rüttelt sich,
sie wirft ihr Säcklein hinter sich,
sie klatschen in die Hand:
Wir beide sind verwandt.

Kreise kreise Kringe,
siebenhundert Schlinge.
Gläschen Wein,
Bretzelchen drein,
Braut soll stille sein.
Gille, gille, gille!

Ringel rangel Rosen,
schöne Aprikosen,
Veilchen blau, Vergißmeinnicht,
alle Kinder setzen sich.
Kikeriki!

Joseph war ein kleiner Mann,
hatt ein rotes Röckchen an.
Flecht mir doch einen Kranz
von den gelben Blumen!
Gelbe Blumen lassen schön,
rote noch viel besser.
Als die Braut zum Tanzen kam,
war sie hübsch geflochten,
als sie wieder zurücke kam,
hat sie ne junge Tochter.

Blauer, blauer Fingerhut
steht der Jungfrau gar so gut,
Blumen alle Tage.
Jungfrau, sie muß stillestehn,
muß sich in dem Kranz umsehn.
Jungfrau, Jungfrau, tanze
in dem grünen Kranze!
Jungfrau, sie muß stillestehn
und sich ein erwählen.
Schäflein, Schäflein, kniee dich,
kniee dich zu Füßen,
eine sollst du küssen,
küsse, wen du willst.

Ich ging einmal nach Butzlabee,
da kam ich an ein großen See,
da kam ich an ein Mühlenhaus,
da schauten drei Hexen zum Fenster raus.
Die erste sprach: Komm iß mit mir!
Die zweite sprach: Komm trink mit mir!
Die dritte nahm den Mühlenstein
und warf ihn mir ans linke Bein.
Da schrie ich laut: oweh, oweh,
ich geh nicht mehr nach Butzlabee.

Ahne krane, wickle wahne,
wolln wir mit nach England fahren?
England ist geschlossen,
Schlüssel ist zerbrochen.
Wolln wir wieder neuen machen?
Wenn der Kessel tief ist,
wenn die Milch süß ist,
wenn die Puppen tanzen,
haben wir nichts zu flanzen.

Schau dich nicht um,
der Fuchs geht um,
er wird sich schon beknacken,
es seh sich einer ja nicht um,
sonst kriegt ers auf den Nacken!

Wir wolln die weisen Frauen fragen,
ob die Kinder sich vertragen.
Wählen Sie, wählen Sie,
welche wolln Sie haben?
Diese, diese mag ich nicht,
diese, diese will ich nicht,
diese will ich haben
mit dem roten Kragen.

Ich saß auf grüner Heide
und spann so schöne Seide,
die Seide war so schön und rar,
daran spann ich sieben Jahr,
sieben Jahr sind um und dumm,
xx, xx, kehr dich um!
xx hat sich umgekehrt,
hat sich in den Kreis gewehrt.
Kikeriki!

Hier ist grün,
dort ist grün,
unter meinen Füßen.
Hab verloren meinen Schatz,
werd ihn suchen müssen.

Such ich hier,
such ich dort,
unter diesen allen
wirds gewiß nur einer sein,
der mir wird gefallen.

Dreh dich rum, ich kenn dich nicht,
bist dus oder bist dus nicht?
Nein, nein, du bist es nicht,
scher dich fort,
ich mag dich nicht!

Jammer, Jammer über Jammer,
hab verloren meinen Sohn.
Ich will gehn, ich will sehn
und will suchen meinen Sohn.

Macht mir auf die Gartentür,
daß ich suche meinen Sohn.
Freude, Freude über Freude,
hab gefunden meinen Sohn.

Lieschen, hast das Bett gemacht?
Nein, ich habs vergessen,
hab die liebe lange Nacht
bei meinem Schatz gesessen.

Rote Kirschen eß ich gern,
schwarze noch viel lieber,
junge Herren küß ich gern,
alte schlag ich nieder.

Hier wird Platz gemacht
für die jungen Damen.
Saß der Kuckuck auf dem Dach,
hat der Regen naßgemacht,
kam der liebe Sonnenschein:
Diese Dame soll es sein.

Wir treten auf die Kette,
daß die Kette klingt.
Wir haben einen Vogel,
der so lieblich singt.
Singt sogar
wie ein Star,
hat gesungen sieben Jahr.

Rusekranz,
wat gilt der Schanz?
Enen decken Daler.
Morgen welle mer bezahle.
Et setz e Männchen op der Pohs,
weeß net wat et eße sall.
Ei Stöckchen Kies on Brut,
fallen alle Heiden on Törken dud.

Alle Kinder lassen sich zur Erde fallen.

Ringel Ringel Rosenkranz,
wir treten auf die Kette,
daß die Kette klingen soll.
Klar, klar, wie ein Haar,
hat gesponnen sieben Jahr.
Sieben Jahr sind um und um,
alte Hexe, dreh dich rum!

Ist die schwarze Köchin da?
Nein, nein, nein.
Dreimal muß ich rummarschieren,
viertes Mal den Stock verlieren,
fünftes Mal, komm mit, Frau Schmidt!
Da steht sie ja, da steht sie ja,
die Köchin aus Amerika.

Wir Hirschlein ziehn zu Walde,
wir ziehn des Nachts beim Mondenschein.
Ihr Hirschlein, bückt euch alle!
Wir wolln uns gerne bücken,
wir schleichen uns durch den Rücken,
wir schleichen uns durch das Türlein rein,
der letzte soll gefangen sein!

Die goldne Brücke

Ziehe durch, ziehe durch,
durch die goldne Brücke!
Sie ist entzwei, sie ist entzwei,
wir wolln sie wieder flicken.
Was gebt ihr uns zum Lohne?
Eine goldne Krone.
Zieht alle durch, zieht alle durch!
Den letzten wolln wir fangen
mit Spießen und mit Stangen.

Macht auf das Tor, macht auf das Tor,
wir kommen mit unserm Wagen.
Wer sitzt darin? Wer sitzt darin?
Ein Mann mit roten Haaren.

Was will er denn? Was will er denn?
Er will die Tochter holen.
Was hat sie denn? Was hat sie denn?
Sie hat ja was gestohlen.
Was ist es denn? Was ist es denn?
Es ist ein Korb voll Kohlen.

Es regnet auf der Brücke,
und es ward naß.
Ich hab etwas vergessen,
und weiß nicht was.
Ach schönster Schatz,
komm rein zu mir,
es sind kein schönre Leut als wir.
Eia freilich,
wer ich bin, der bleib ich,
bleib ich, wer ich bin,
adje, adje, mein liebes Kind!

Dort oben auf dem Berge,
da liegt ein blauer Stein,
und wer den Stein verloren hat,
der soll mein Schätzchen sein.

Kling klang kloria,
wer sitt in diesem Thoria?
Dar sitt en Königsdochter in,
die kann ik nich to seen kriegn.
De Mur de will nich bräken,
de Steen de will nich stechen.
Hänschen mit de bunte Jak,
kumm un folg mi achterna.

Es kommt ein Herr aus Ninive,
juchheißa vivilate!
Was will der Herr aus Ninive?
Juchheißa vivilate!
Ist die Tochter nicht zuhaus?
Juchheißa vivilate!
Was soll die jüngste Tochter denn?
Juchheißa vivilate!
Ich will die jüngste Tochter haben.
Juchheißa vivilate!
Ihr bekommt die jüngste Tochter nicht!
Juchheißa vivilate!
Dann schlag ich euch die Fenster ein.
Juchheißa vivilate!
Dann machen wir den Laden zu.
Juchheißa vivilate!
Dann stecke ich das Haus in Brand.
Juchheißa vivilate!
So nehmt die jüngste Tochter hin!
Juchheißa vivilate!

Es kommen zwei Herren aus Ninive . . .

und so weiter, bis zum Schluß nur noch
ein Kind übrig bleibt:

Die Hochzeit ist geschlossen,
wir haben eine Braut.
Was wolln wir mit der Mutter tun?
Wir wolln sie in ein Kloster sperren.
Juchheißa vivilate!

Dreimal um das Kästchen,
ich weiß nicht, was da flog.
Da flog ein kleiner Vogel,
der sprach so:
Ach liebe xx, folge mir
und fasse mich am Schleier,
und wenn der Schleier in Stücke geht,
dann kauf ich mir einen neuen.

Wer sitt up dissen hogen Troon?
Dar sitt n Königsdogter in.
Kann ik se nich mal to seen krigen?
Ne, Moder, ne.
Ik will di ook geven en paar Scho.
Ne, Moder, ne.
Ik will di ook geven twee paar Scho.
Ne, Moder, ne.
Ik will di ook geven n golden Ring.
Ne, Moder, ne.

Ik will di ook geven n sulvern Kutschen.
Ne, Moder, ne.
Ik will di ook geven de halve Welt.
Ne, Moder, ne.
Ik will di ook geven de ganze Welt.
Ja, Moder, ja.
De Muren will wi torbreken,
de Stene will wi versteken,
Ann Margrete, Grauerok,
faat mi achter an den Rok –
De Doot de kumt! De Doot de kumt!

Wer sitzt in diesem Körbelein?
Des Königs, Königs Töchterlein.
Was ißt sie gern? Was trinkt sie gern?
Zucker und süße Mandelkern.
Wir wollen sie beschauen,
berauhen,
und eine Hand abhauen.

Es fuhr ein Bauer ins Holz,
es fuhr ein Bauer ins Holz,
heißa Viktoria,
es fuhr ein Bauer ins Holz.

Der Bauer nahm sich ein Weib ...
Das Weib nahm sich ein Kind ...
Das Kind nahm sich eine Muhme ...
Die Muhme nahm sich eine Magd ...
Die Magd nahm sich einen Knecht ...
Der Knecht nahm sich einen Hund ...
Der Hund nahm sich einen Knochen ...
Da schied der Bauer vom Weib ...
Da schied das Weib vom Kind ...
Da schied das Kind von der Muhme ...
Da schied die Muhme von der Magd ...
Da schied die Magd vom Knecht ...
Da schied der Knecht vom Hund ...
Da schied der Hund vom Knochen ...
Da steht der Knochen alleine,
da steht der Knochen alleine,
heißa Viktoria,
da steht der Knochen alleine.

Ich bin der Herr von Ickebick,
verbiete lachen und sprechen.
Wer lacht und spricht,
ein Pfand gebricht.
Kuckuck, laß dich hören!

BLAUE WUNDER

Kinderpredigt

Ich bin der Herr Pastor
und predge euch was vor,
und wenn ich nicht mehr weiter kann,
so fang ich wieder von vorne an.

Ich bin der Herr Pastor
und predige euch was vor
von Maria Zwiebel
aus der dicken Bibel.
Und wenn ich nicht mehr weiter kann,
dann steck ich mir ein Pfeifchen an.

Ich steh auf der Kanzel
und predge wie ne Amsel.
Ein Huhn und ein Hahn,
die Predigt geht an.
Eine Kuh und ein Kalb,
die Predigt ist halb.
Eine Katz und ne Maus,
die Predigt ist aus.
Geht alle nach Haus
und haltet nen Schmaus.
Habt ihr was, so eßt es,
habt ihr nichts, vergeßt es,
habt ihr noch ein Stücklein Brot,
so teilt es in der Not,
habt ihr noch ein Brosamlein,
so streut es hin den Vögelein.
Geliebte in dem Herrn!
Der Apfel hat acht Kern,
acht Kern hat der Apfel.
Die Wurst hat zwei Zapfel,
zwei Zapfel hat die Wurst.
Der Bauer leidet Durst,
Durst leidet der Bauer.
Das Leben wird ihm sauer,
sauer wird ihm das Leben.
Disteln sind keine Reben,
Reben sind keine Disteln:
so lauten die Episteln.

Ich predige, was ich weiß,
von einer alten Geiß.
Die hat den Schwanz verloren
vor hunderttausend Johren.
Sie habn ihn wieder gfunden
und hinten dran gebunden.

Da steh ich auf der Kanzel
und predig wie eine Amsel.
Da kummt ein Bue
und nimmt mer die Schue,
da kummt e Mäderl
und nimmt mer die Kapp,
da fall ich kopfobers
von der Kanzel herab.

Quibus, quabus,
die Enten gehn barfuß,
die Gäns haben gar keine Schuh,
was sagen denn die lieben Hühner dazu?
Und als ich kam an das kanaljeische Meer,
da fand ich drei Männer, und noch viel mehr,
der eine hatte niemals was,
der andre nicht das,
und der dritte gar nichts,
die kauften sich eine Semmel
und einen Zentner holländischen Käs
und fuhren damit an das kanaljeische Meer.
Und als sie kamen an das kanaljeische Meer,
da kamen sie in ein Land, und das war leer,
und sie kamen an eine Kirche von Papier,
darin war eine Kanzel von Korduan
und ein Pfaffe von Rotstein,
der schrie: Heute haben wir Sünde getan,
verleiht uns Gott das Leben,
so wollen wir morgen wieder dran!
Und die drei Schwestern Lazari,
Katharina, Sibilla,
Schweigstilla,
weinten bitterlich,
und der Hahn krähte Buttermilch!

Jesus sprach zu seinen Jüngern:
wer keinen Löffel hat, ißt mit den Fingern.
Und es sprach der Herr zu seinen Jüngern:
wer kein Brot hat, der muß verhüngern.

Ich stehe auf der Kanzel
und predige wie ne Amsel.
Und wenn ich nicht mehr predigen kann,
so fang ichs Besenbinden an.
Besenbinden ist keine Kunst,
das kann jeder Lumpenhund.

Hier steh ich auf der Kanzel
und predge wie ne Amsel.
Des Morgens kräht der Hahn,
dann geht meine Predigt an.
Des Mittags plärrt das Kalb,
dann ist meine Predigt halb.
Des Abends pfeift die Maus,
dann ist die Predigt aus.

Kettenreime

Es ischt emol en Ma,
do fangt da Gschichtli a,
es ischt emol e Chalb,
ez isch da Gschichtli halb,
es ischt emol en Stier,
ez isch da Gschichtli schier,
es ischt emol e Mus,
ez isch da Gschichtli us.

Eins zwei drei,
alt ist nicht neu,
neu ist nicht alt,
warm ist nicht kalt,
kalt ist nicht warm,
reich ist nicht arm.

Eins zwei drei,
alt ist nicht neu,
arm ist nicht reich,
hart ist nicht weich,
frisch ist nicht faul,
Ochs ist kein Gaul.

Eins zwei drei,
alt ist nicht neu,
sauer ist nicht süß,
Händ sind keine Füß,
Füß sind keine Händ,
s Lied hat ein End.

Maieräge, mach mi groß,
i bin e kleiner Stumpe.
Steck mi unter die Lumpe!
Die Lumpe sin ze klein,
steck mi under d Stein.
D Stein sin ze kalt,
steck mi in de Wald.
Der Wald is ze finster,
steck mi unters Münster.
S Münster is ze groß,
steck mi in e Bloß.
D Bloß is nit hell,
steck mi in e Bouteille.

Greetke Maiser,
Boomke Kaiser,
Kaiser on Boom,
Sadel on Toom,
Toom on Sadel,
Dähr on Gadel,
Gadel on Dähr,
Fösch on Stör,
Stör on Fösch,
Water on Plösch,
Plösch on Water,
Muus on Kater,
Kater on Muus,
Worm on Luus,
Luus on Worm,
Wind on Storm,
Storm on Wind,
Königskind!

Kling, klang, der Pfaff ist krank,
er liegt im Bett, hat Leibweh,
hat den Hut auf, hat Handschuh an,
kling, klang, der Pfaff ist krank.

Fall außer, fall eine,
die kleinen Kinder greinen,
die großen lachen,
die Bäcker bachen,
die Schnitter mähen,
die Gockel krähen: Kikeriki!

Ein Turm ohne Glocken,
eine Suppen ohne Brocken,
ein Schuster ohne Leder,
ein Schreiber ohne Feder,
ein Schmied ohne Schmitte,
ein Ziegler ohne Hütte,
ein Reiter ohne Pferd
sind keinen Batzen wert.

Engel, Bengel, laß mich gehn,
ich hab ein schönen Vogel gesehn.
Vogel gibt mir Eier,
Eier geb ich Kühchen,
Kühchen gibt mir Milch,
Milch geb ich Kätzchen,
Kätzchen fängt mir Mäuschen,
Mäuschen gibt mir Mist,
Mist geb ich Feld,
Feld gibt mir Korn,
Korn geb ich Müller,
Müller gibt mir Mehl,
Mehl geb ich Bäcker,
Bäcker gibt mir Brot,
Brot geb ich Pippchen,
Pippchen legt mir Eier,
Eier geb ich Kühchen ...

und so weiter ad infinitum.

De Dag, de graut,
de Katt, de maut,
de Klock, de sleit,
de Hahn, de kreit,
de Hund, de bellt,
de Köksch, de schellt,
de Höhner, de kakeln,
un all de Vogels in Boom spektakeln.

Kunterbunt

Ich will euch was erzählen,
gebt acht, so fängt es an:
Es war einmal ein schwarzer
kurzer runder bunter Mann,
der hatte schwarze kurze runde
bunte Hosen an.
Er war umgürtet mit einem schwarzen
kurzen runden bunten Schwert
und saß auf einem schwarzen
kurzen runden bunten Pferd.
Er ritt durch die schwarzen
kurzen runden bunten Straßen,
wo die schwarzen kurzen runden
bunten Kinder saßen.
O ihr schwarzen kurzen runden
bunten Kinder, geht hinweg,
daß euch mein schwarzes kurzes rundes
buntes Pferd nicht schlägt!
Nicht wahr, wie von dem schwarzen
kurzen runden bunten Mann
ich euch so schwarz und kurz
und rund und bunt erzählen kann?

In der bimbambolischen Kirche
geht es bimbambolisch zu:
tanzt der bimbambolische Ochse
mit der bimbambolischen Kuh.
Und die bimbambolische Mutter
kocht den bimbambolischen Brei,
und die bimbambolischen Kinder
fassen mit den Fingern drein.

Guete Tag, wo isch mi Löffel?
»E grüeß di, wie alt bisch?«
So alt, as i gworde bi
sidder miner große Zehe,
und die isch siebezechni und es Chrättli voll.
»Weißt, wer d Welt erschaffe hot?«
Nei, bi nit derbi gsi.
»Ghört euers Hus au zur Welt?«
Exgüsi, sex Büsi!
»Weisch au, wo d Welt isch?«
Hä jo denn!
»Nu wo denn?«
Hä, im Wald dusse!

Guete Tag, Chriesichnab.
Bin ken Chnab, han e Frau.
Das isch guet, Chriesichnab.
Nüd so guet, sie isch mer gstorbe.
Das isch bös, Chriesichnab.
Nüd so bös, han es Hus von ere gerbt.
Das isch guet, Chriesichnab.
Nüd so guet, es isch mer verbrunne.
Das isch bös, Chriesichnab.
Nüd so bös, han uf em Plätz Bohne gsäet.
Das isch guet, Chriesichnab.
Nüd so guet, d Söu hämmers gfresse.
Das isch bös, Chriesichnab.
Nüd so bös, ha sie gefange.
Das isch guet, Chriesichnab.
Nüd so guet, si hät mer d Hand abbisse.
Das isch bös, Chriesichnab.
Nüd so bös, bruche dänn bloß ein Händsche.

Guete Dag, Brueder, wie gohts?
Guet und nit guet, Brueder.
Worum guet und nit guet, Brueder?
I ha ghirote, Brueder.
Da isch jo guet, Brueder.
Und isch doch nit guet, Brueder.
Worum isch s nit guet, Brueder?
Es isch en Alti, Brueder.
Da isch nit guet, Brueder.
Und isch doch guet, Brueder.
Jä, worum isch s doch guet, Brueder?
Die Alti hät Batze, Brueder.
Wohl, da isch guet, Brueder.
Und isch doch nit guet, Brueder.

Jä, worum ischs nit guet, Brueder?
Die Batze ware schimmlig, Brueder.
Da isch nit guet, Brueder.
Jo, und isch doch guet, Brueder.
Aber worum denn, Brueder?
I ha dervon e Häusel kauft, Brueder.
Da isch guet, Brueder.
Und isch doch nit guet, Brueder.
Jä, worum denn nit, Brueder?
S Häusli isch mer verbrennt, Brueder.
O, da isch nit guet, Brueder.
Und isch doch guet, Brueder.
Worum isch doch guet, Brueder?
Di Alti isch mit verbrennt, Brueder.
O, da isch doch guet, Brueder.

Wo bist du den Winter gewesen, mein Sohn?
Im Schlampamperland.
Was darin getan?
Ein Häuslein gebaut.
Das war gut!
Doch nicht gar gut.
Warum nicht?

Es ist eine wilde Sau gekommen
und hat es umgeworfen.
Das war bös!
Doch nicht gar bös!
Warum nicht?
Ich hab die Sau gefangen
und mir siebenundsiebzig Würst draus gmacht.
Das war gut!
Doch nicht gar gut.
Warum nicht?
Es ist eine Katz kommen
und hat mir alle aufgefressen.
Das war bös!
Doch nicht gar bös.
Warum nicht?
Ich hab der Katz den Pelz abzogen
und mir ein Paar Handschuh draus gmacht;
im Kasten hangen sie noch
und haben ein großes Loch.

Eins zwei drei vier fünf sechs sieben acht neun,
geh in das Gässel nein,
schlag dem Baur die Fenster ein.
Kommt der Büttel, setzt mich ein,
setzt mich in das Narrenhaus,
geb ich drei vier Batzen aus.
Ri ra Ofenloch, hätt ich meine drei Batzen noch!

Es sitzt ein Engelein an der Wand,
hat ein Gackei in der Hand,
möcht es gerne essen,
hat es aber kein Messer.
Fällt ein Messer vom Himmel rab
und schneid dem Engel es Köpfle ab.
Die Magd springt zum Balbierer,
dort ist kein Mensch zuhaus,
die Katz fegt die Stuben aus,
die Maus schaut zum Fenster raus.
Und der Gicker auf dem Dach
hat sich schier zutod gelacht.

Als ich einmal nach Polen kam,
da laust ich meinen Rock,
und auf der rechten Seiten,
da saß ein ganzes Schock,
und auf der linken Seiten,
da saßen noch viel mehr,
und hinten auf dem Rücken,
da saß das ganze Heer.
Da gings dann knickknack knickknack knack,
die Nägel wurden rot.
Da schrie eine Laus zur andern:
Wie bitter ist der Tod!

Der Kuckuck ist ein braver Mann,
der sieben Frauen halten kann.
Die erste fegt die Stube aus,
die zweite bringt den Unflat raus,
die dritte nimmt den Flederwisch
und fegt dem Kuckuck seinen Tisch.
Die vierte holt ihm Brot und Wein,
die fünfte schenkt ihm fleißig ein,
die sechste macht ihms Bette warm,
die siebente schläft in seinem Arm.

Die Sunne schient,
es Vögele grient,
es hubbelt uf em Lade,
die Mueder geht geh bade.
Der Vadder isch im Wirtshüs,
belzt alle Gläser üs,
wirft se hinter d Diehre,
holt se wieder füre,
wirft se in die Äschen,
mueß se wieder wäschen,
wirft se wieder zum Fenster naus,
macht er wieder neue draus.

Kommen die jungen Staren,
fliegen nein ins Wirtshaus,
trinken ein Krug Bier aus,
werfen den Krug zum Fenster naus.

Eins zwei drei,
in der Dechanei
steht ein Teller auf dem Tisch.
Kommt die Katz und holt den Fisch,
kommt der Jäger mit der Gabel,
sticht der Katze in den Nabel,
schreit die Katz: miaun, miaun,
wills gewiß nicht wieder taun.

Storch, Storch, Schnibelschnabel,
i will di lehre Silber zahle,
i will di lehre Kessel fege,
Kübeli binde, Wasser träge.
Trag mi bis nach Rom,
setz mi auf ein Thron,
setz mi auf ein Stöckli,
gib mer Milch und Bröckli,
setz mi auf ein Stueli,
gib mer Strümpf und Schueli,
setz mi hinters Tischli,
gib mer backne Fischli,
gib mers Stöckli in die Hand,
führ mi fort ins Baierland.
Im Baierland gibt gute Lüt,
behüt di Gott und zürnet nit.
Im Baierland is Vogelgsang.
Du alter Narr, wie lebst so lang
mit deiner langen Nasen!

Es fuhren drei Docken durchs Tor,
die erste, Wilhelmine,
die zweite, Karoline,
die dritte, Klementine.
Wer will sie taufen?
Der Pfarrer zu Laufen.
Wer will sie heben?
Die Wirtin in der Eben.
Wer will die Windeln waschen?
Der Bauer in der Pumpertaschen.

Geh mit mir in die Heidelbeeren!
Heidelbeeren sind noch nicht blo.
Geh mit mir ins Haberstroh!
Haberstroh is noch nit zeitig.
Geh mit mir ins Besenreisig!
Besenreisig is noch nit auf.
Geh mit mir die Trepp hinauf!
Trepplein ist verbrochen,
sind wir naufgekrochen,
sind wir in dem Kämmerlein,
schenk ein Schöpplein Wein ein!

Abraham und Lazarus,
chumm, mer wei i d Haselnuß!
D Haselnuß sin no nit rif,
chumm, mer wei is Paradis!
S Paradis isch no nit off,
chumm, mer wei is Ofenloch!
S Ofenloch isch no nit warm,
chumm, mer wei is Gotterbarm!
S Gotterbarm isch au gar weit,
chumm, mer wei is Himmelreich!
S Himmelreich isch zue gschlosse
und der Schlüssel abebroche.
Bhüet üch Gott, ihr Lumpelüt,
lebet wohl und zürnet nit!

Chutz, chutz, chuderichutz,
Anneli mit der roten Brust
und Anneli-Babeli-Dudeldeer,
chumm, mir went i d Chruselbeer!

D Chruselbeer sin no nit rif,
chumm, mir went is Beseris.
Beseris hat no keis Laub,
chumm, mir went is Haberstrau.
S Haberstrau isch no nit do,
chumm, mir went i Garte go.
Garte go isch au gar härt,
chumm, mir went is Federebett.
S Federebett isch no nit lind,
chumm, mir went a chüele Wind.
Chüele Wind isch au gar chalt,
chumm, mir went in Schwobewald.
Der Schwobewald isch au zu schwarz,
chumm, mir went ufn Schützeplatz.
Schützeplatz isch au zu leid,
chumm, mir went uf eusi Heid.
Eusi Heid isch viel zu steinet,
chumm, mir went in eusi Heimet.
Eusi Heimet isch gar weit,
chumm, mir went is Himmelreich.
Im Himmel wemmer bliebe,
lönd us nit vertriebe.

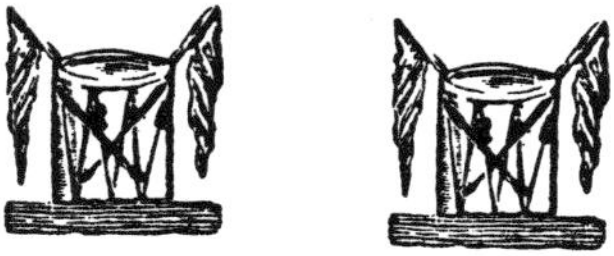

Weinschröter, schlag die Trommel,
bis der bittre Bauer kommet.
Mit den Grenadieren
mußt du fortmarschieren,
mit dem blauen Reiter
auf die Galgenleiter.
Weinschröter, du mußt hangen,
bist bei Nacht zum Weib gegangen.

Weinschröter, schlag die Trommel,
bis dein bittrer Tod gekommen.
Wollt ihr den Dragoner sehn
auf der leeren Treppe stehn?
Morgen tun sie ihn henken,
der wird dran gedenken.
Ei so schlag der Kuckuck drein,
lieber kein Dragoner sein!

Gassenhauer

Seht den alten Hampelmann,
wie der hampeln, strampeln kann.

Alle Damen, alle Herrn,
alle hampeln, strampeln gern.

Und der Leierkastenmann
legt ne neue Walze an:

Seht den alten Hampelmann,

und so weiter ad infinitum.

Lampenputzer ist mein Vater
am Berliner Hoftheater.

Meine Mutter wäscht Manschetten
für die Berliner Hofkadetten.

Meine Schwester, die Gertrude,
hat ne Selterswasserbude.

Und mein Bruder, dieser Lümmel,
der qualmt Zigarettenstümmel.

Das neue Lied, das neue Lied
von dem versoffnen Fahnenschmied!
Und wer das neue Lied nicht kann,
der fang es wieder von vorne an.
Das neue Lied, das neue Lied ...

Ein Hund lief in die Küche
und stahl dem Koch ein Ei.
Da nahm der Koch den Löffel
und schlug den Hund entzwei.

Da kamen alle Hunde
und gruben ihm ein Grab,
und setzten einen Grabstein,
worauf geschrieben ward:

Ein Hund lief in die Küche
und stahl dem Koch ein Ei

und so immerfort.

Ein gewichstes Ofenrohr
kostet zwei Mark achtzig nor.
Freilich, nicht von großer Güte
sind die zwo Mark achtziger Hüte.

Es ging ein Frosch spazieren
an einem schönen Sommertag,
er wollte sich frisieren
an einem Gartenhag.

Da sprach der Herr Frisierer:
Ihr Frösche seid ein dummes Corps,
was wollt ihr euch frisieren,
ihr habt ja gar kein Hoor.

Lebe glücklich, lebe froh,
wie der König Salomo,
der auf seinem Stuhle saß
und ein Stückchen Käse aß.
Lebe glücklich, werde alt,
bis die Welt in Stücke knallt.

Verkehrte Welt

Des Abends, wenn ich früh aufsteh,
des Morgens, wenn ich zu Bette geh,
dann krähen die Hühner, dann gackelt der Hahn,
dann fängt das Korn zu dreschen an.

Die Magd, die steckt den Ofen ins Feuer,
die Frau, die schlägt drei Suppen in die Eier,
der Knecht, der kehrt mit der Stube den Besen,
da sitzen die Erbsen, die Kinder zu lesen.

Der Stall ist aus dem Pferde gelossen,
der Branntwein hat sich am Bauern versoffen,
arg haben die Linsen die Mäuse zerbissen,
die Hosen haben den Peter zerrissen.

O weh, wie sind mir die Stiefel geschwollen,
daß sie nicht in die Beine nein wollen!
Nimm drei Pfund Stiefel und schmiere das Fett,
dann stelle mir vor die Stiefel das Bett!

Vorigen Handschuh verlor ich meinen Herbst,
da ging ich ihn finden, bis ich ihn suchte.
Da kam ich an eine Guckte und schlucht hinein,
da saßen drei Stühle auf drei großen Herren,
da nahm ich meinen guten Tag und sagte:
guten Hut, meine Herren,
da bring ich drei Paar Strümpfe
auf drei Pfund Garn,
sie sollten morgen fertig werden,
daß ich sie heut noch anziehen kann.

Wer baden will einen Raben weiß
und daran legt seinen ganzen Fleiß,
und an der Sonne Schnee will dörren,
und Wind will in eine Kiste sperren,
und Unglück will tragen feil,
und alle Wasser will binden an ein Seil,
und einen Kahlen will schern,
der tut, was da unnütz ist, gern.

Wer einen Bock zum Gärtner setzt
und Schaf und Gäns auf Wolfe hetzt,
und seine Zähn stürt mit einem Scheit,
und Hunden Bratwürst zum Aufgeben geit,
und gute Kost salzt mit Aschen,
und sein Geld legt in eine löchrige Taschen,
und in ein Netz gießet Wein,
der dünkt mich nicht wohl witzig zu sein.

Wer die Geiß in Garten läßt
und Ofenkacheln die Boden ausstößt,
und weiße Schleier an Kesseln reibt,
und einen stößt, der da schreibt,
und in eine Küchen läßt ein Schwein,
und Löcher bohrt in ein Faß mit Wein,
und sonst kein andre Arbeit kann,
verdienet keinen hohen Lohn.

Dunkel wars, der Mond schien helle,
Schnee lag auf der grünen Flur,
als ein Wagen blitzesschnelle
langsam um die Ecke fuhr.

Drinnen saßen stehend Leute,
schweigend ins Gespräch vertieft,
als ein totgeschoßner Hase
auf der Sandbank Schlittschuh lief.

Und ein blondgelockter Jüngling
mit kohlrabenschwarzem Haar
saß auf einer blauen Kiste,
die rot angestrichen war.

Schneewißi Chräje
u brandschwarze Schnee,
i ha mir Lebtag
nüt so gseh.

Die Donau ist ins Wasser gfallen,
der Rheinstrom ist verbrennt.
Eine alte Frau ist drüber gangen,
hat sich die Füß verrenkt.

Fuirio, der See brennt,
die Krotten händ ihn azündt,
die Katzen wänd ihn lösche
mit hunderttusend Frösche.

Lügenmärchen

Ich will euch singen und nicht lügen:
Ich sah drei gebratene Hühner fliegen,
sie flogen also schnelle,
sie hatten die Bäuche zum Himmel gekehrt,
die Rücken nach der Hölle.

Ein Amboß und ein Mühlenstein,
die schwammen zusammen über den Rhein,
sie schwammen also leise,
da fraß ein Frosch einen glühenden Pflug
zu Pfingsten auf dem Eise.

Es wollten drei Kerls einen Hasen fangen,
sie kamen auf Krücken und Stelzen gangen,
der eine konnt nicht hören,
der andre war blind, der Dritte stumm,
der Vierte konnt sich nicht rühren.

Nun will ich euch singen, wie es geschah:
Der Blinde zuerst den Hasen sah
im Feld geschwind hertraben.
Der Stumme rief dem Lahmen zu,
da faßt ihn der am Kragen.

Es segelten etliche über Land,
die Segel hatten sie in Wind gespannt
und segelten auf den Feldern.
Sie segelten auf einen hohen Berg,
da ertranken sie in den Wäldern.

Es ging ein Krebs auf die Hasenjagd.
Die Wahrheit kommt heraus mit Macht
und bleibt nicht lang verschwiegen:
Es lag eine Kuhhaut auf dem Dach,
die war da hinauf gestiegen.

Hiemit will ich mein Lied beschließen,
sollt es die Leute gleich verdrießen,
und will nicht länger lügen.
In meinem Land sind die Fliegen so groß,
als hierzuland die Ziegen.

Ich ging einmal nach Amsterdam
auf der Faulenzer Straße.
Man fragt mich, ob ich faulenzen kann:
Ich sagte nein und meint doch ja.
Ich setzt mich nieder und faulenzte da.
Es war wohl tausend Gulden wert.
Dafür kauft ich ein schönes Pferd,
wars kein junges, wars ein alts,
ohne Kopf und ohne Hals,
ohne Schenkel, ohne Bein.

Auf dem Pferd ritt ich allein,
auf dem Pferd ritt ich so lang,
bis ihm gar der Bauch zersprang.
Flog heraus ein Göckerlein,
krähte grob und krähte fein,
hatt auf seinem Kopf ein Kamm,
drauf stand das Wappen von Amsterdam.

Ich bin einmal den Berg nauf gangen,
hei Wunder groß!
Da hab ich gsehn zwei Bremen
das Brot ausm Ofen nehmen,
hei Wunder groß!
Es nimmt mich Wunder über Wunder,
wies die Bremen können nehmen,
hei Wunder groß!

Ich bin einmal den Berg nauf gangen,
hei Wunder groß!
Da hab ich gsehn zwei Frösche
in einer Scheune dreschen,
hei Wunder groß!
Es nimmt mich Wunder über Wunder,
wie die Frösche können dreschen,
hei Wunder groß!

Ich bin einmal den Berg nauf gangen,
hei Wunder groß!
Da hab ich gsehn zwei Krähen
auf einer Wiesen mähen,
hei Wunder groß!
Es nimmt mich Wunder über Wunder,
wie die Krähen können mähen,
hei Wunder groß!

Ich bin einmal den Berg nauf gangen,
hei Wunder groß!
Da hab ich gsehn zwei Raben
in einem Acker graben,
hei Wunder groß!
Es nimmt mich Wunder über Wunder,
wie die Raben können graben,
hei Wunder groß!

Ich bin einmal den Berg nauf gangen,
hei Wunder groß!
Da hab ich gsehn zwei Muggen
das Brot in Ofen schucken,
hei Wunder groß!
Es nimmt mich Wunder über Wunder,
wie die Muggen können schucken,
hei Wunder groß!

De Ko de sat bi t Für un spunt,
dat Kalf lag inner Wegen un sung,
de Katte karmde de Bottern,
de Hund de wusch de Schotteln,
de Fleddermuus de fegd dat Huus,
de Swalke droog den Stof herut,
mit eren langen Flegeln.
Sunt dat nich dikke Lägen?

Zwischen Brix und Komotau,
da tanzen die Ziegen auf Stelzen,
da haben die Küh Pantoffeln an,
das sieht man wunderselten.

Ich saß auf einem Birnenbaum,
wollt gelbe Rüben graben,
da kam derselbe Bauersmann,
dem diese Zwiebel waren.

Ach ach, du Schelm, du Hühnerdieb,
was tust du in meinen Nüssen?
So hab ich doch mein Leben lang
in kein bessere Quetsch gebissen.

Die Kuh saß auf dem Schwalbennest,
hatt zwanzig junge Geißen.

Der Esel hatt Pantoffeln an,
kam übers Meer geflogen.

Sie klatscht die Eier in die Pfann,
die Stiefel wollt sie schmieren.
Schau, wie der Esel pfeifen kann,
wenn ihn die Flöh vexieren.

Eine Kuh, die saß im Schwalbennest
mit sieben jungen Ziegen,
die feierten ihr Jubelfest
und fingen an zu fliegen.
Der Esel zog Pantoffeln an,
ist übers Haus geflogen,
und wenn das nicht die Wahrheit ist,
so ist es doch gelogen.

Vom Schlaraffenland

Nun höret zu und schweiget still,
was ich euch wunders sagen will
von einem guten Lande.
Es bliebe mancher nicht daheim,
könnt er dahin gelangen.

Die Gegend heißt Schlaraffenland,
ist faulen Leuten wohl bekannt,
liegt hinterm Zuckerberge.
Und willst du in das Land hinein,
friß dich hindurch die Zwerche.

Der Berg ist schier drei Meilen lang,
doch beiß dich durch und tu dir Zwang:
Gelingts dir ohne Schaden,
so findest du die Häuser all
gedeckt mit Eierfladen.

Tür und Wänd, das ganze Haus,
sind von Lebkuchenteig durchaus,
die Sparren Schweinebraten.
Kauft einer dort um Pfennigswert,
hier gilt es einen Dukaten.

Alle Brunnen sind voll süßem Wein,
rinnen einem selbst ins Maul hinein,
und andre süße Weine;
und wer die gerne trinken mag,
der mach sich auf die Beine.

Um jedes Haus, da ist ein Zaun
geflochten von Bratwürsten braun,
gebraten und gesotten.
Es mag sie essen, wer da will,
sie sind niemand verboten.

Auch fliegen um, das mögt ihr glauben,
gebratne Vögel, Gäns und Tauben,
und wer sie nicht will fangen,
dem fliegen sie von selbst ins Maul,
braucht nicht danach zu langen.

Die Säu geraten alle Jahr,
laufen herum und sind schon gar,
mit Messern in dem Rücken,
daß jeder bald ohn Aufenthalt
sich schneiden mag sein Stücke.

Fällt ein Wetter im Sommer ein,
so regnets lauter Honigseim.
Alle, die gerne schlecken,
die laufen in das Land hinein,
da haben sie zu lecken.

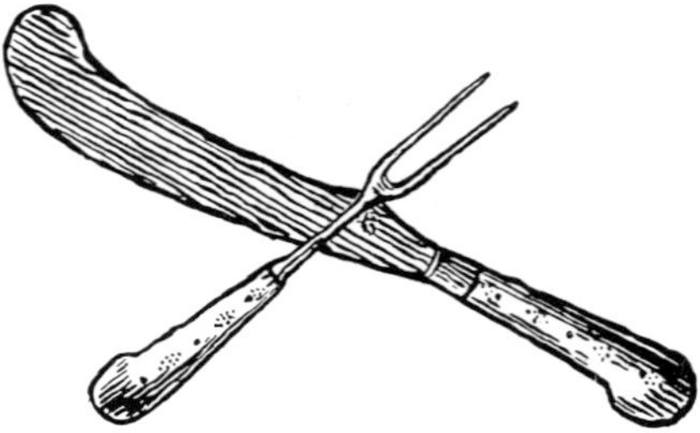

Fängt es im Winter zu schneien an,
so schneit es nichts als Marzipan,
Rosinen auch und Mandeln,
und wer sie gerne knabbern mag,
der hat einen guten Handel.

Auf Tannen wachsen große Krapfen,
wie hierzuland die Tannenzapfen,
auf Fichten wachsen Schnitten.
Auch kann man von den Birken da
gute Speckkuchen schütten.

Auf Weiden wachsen Semmel frei,
die Löffel hängen schon dabei,
darunter Milchbäch fließen.
Die Semmel fallen in die Milch,
daß sie jeder kann genießen.

Faul Gesinde, Mägd und Knecht,
sind in dem Lande gar eben recht.
Auf, Gretel, dann, und Stöffel!
Macht an den Milchbach euch geschwind
mit einem großen Löffel.

Wer tölpisch ist und gar nichts kann,
wird in dem Land ein Edelmann,
und wer nichts tut als schlafen,
essen, trinken, tanzen und spielen,
der wird zu einem Grafen.

Wer der Allerfaulste wird erkannt,
ist König über das ganze Land
und hat ein groß Einkommen.
Des Landes Art und Eigenschaft,
das habt ihr nun vollkommen.

Wer sich will machen auf die Reis
und selbst dahin den Weg nicht weiß,
der mag einen Blinden fragen.
Ein Stummer ist auch gut dazu,
wird ihm nicht unrecht sagen.

Aus is, gar is,
schad, daß net wahr is!

ERZÄHLCHEN UND BALLADEN

Zeitläufte

Der Mond der scheint,
das Kindlein weint,
die Glock schlägt zwölf,
daß Gott doch allen Kranken helf!

Gott alles weiß,
das Mäuslein beißt,
die Glock schlägt ein,
der Mond spielt auf dem Kissen dein.

Das Nönnchen läut
zur Mettenzeit,
die Glock schlägt zwei,
sie gehn im Chor in einer Reih.

Der Wind der weht,
der Hahn der kräht,
die Glock schlägt drei,
der Fuhrmann hebt sich von der Streu.

Der Gaul der scharrt,
die Stalltür knarrt,
die Glock schlägt vier,
der Kutscher siebt den Haber schier.

Die Schwalbe lacht,
die Sonn erwacht,
die Glock schlägt fünf,
der Wandrer macht sich auf die Strümpf.

Das Huhn gagackt,
die Ente quackt,
die Glock schlägt sechs,
steh auf, steh auf, du faule Hex.

Zum Bäcker lauf,
ein Wecklein kauf,
die Glock schlägt sieben,
die Milch tu an das Feuer schieben.

Tu Butter nein,
und Zucker fein,
die Glock schlägt acht,
geschwind dem Kind die Suppen bracht.

Am Montag fängt die Wuchen an,
am Dienstag muß i z suffen han,
am Mittwoch bin i sternenvoll,
am Donnerstag tut mir der Kopf nit wohl,

am Freitag muß i sterben,
am Samstag unter die Erden,
am Sonntag fahr ich in Himmel,
am Montag bin i der gleiche Lümmel.

Grüeß ech, Herr Mändig,
was macht der Herr Zischtig?
Ganz wohl, Herr Mittwuche.
Der Herr Donstig
lat em Herr Fritig säge,
der Herr Samstig
söll zum Herr Suntig ga z Mittag esse.

Zehn Jahr ein Kind,
zwanzig Jahr ein Jüngling,
dreißig Jahr ein Mann,
vierzig Jahr ist wohlgetan,
fünfzig Jahr geht auch noch an,
sechzig Jahr gehts Alter an,
siebzig Jahr ein Greis,
achtzig Jahr schneeweiß,
neunzig Jahr der Kinder Spott,
hundert Jahr, behüt uns Gott!

Lustig Leben

Grüß Gott, Bäsli, komm sitz zu,
i han jetzt grad e Stündeli Ruh.
Bin so lustig, tralala,
wenn i e Täßli Kaffee ha.
Wer is denn der brave Ma,
der Kaffee schickt aus Afrika?
I wollt ihn gern vergoldet ha,
wenn i e Täßli Kaffee ha.
Wenns au regnet, wenns au schneit,
wenn mir d Katz au s Gschirr verhait,
lan i alles, alles sta,
wenn i e Täßli Kaffee ha.
Kaffee is mei liebster Trank,
und wär i au zum Sterben krank.
Was bessers tät mir niemand a,
als wenn i e Täßli Kaffee ha.
Honig, Anken stehn au do,
bitte, nehmt doch au dervo.
Jetze hör i s sechse schlo,
wie bei Gott die Zeit vergoht!
Adieu, Bäseli, leb jetzt wohl,
bitte, komm ein ander Mol.

Was haben wir Gänse für Kleider an?
Gi ga gack!
Wir gehen barfuß allezeit
in einem weißen Federkleid.
Gi ga gack!
Wir haben nur einen Frack.

Was trinken wir Gänse für einen Wein?
Gi ga gack!
Wir trinken nur den stärksten Wein,
das ist der Gänsewein allein.
Gi ga gack!
Ist stärker als Rum und Rak.

Was haben wir Gänse für eine Kost?
Gi ga gack!
Im Sommer gehn wir auf die Au,
im Winter speist uns die Bauersfrau,
gi ga gack!
aus dem großen Habersack.

Was machen wir Gänse am Martinstag?
Gi ga gack!
Man führt uns aus dem Stall heraus
mit einem fetten Martinsschmaus,
gi ga gack!
und bricht uns das Genick.

Komm, wir wollen wandern,
sprach Petrus.
Von einer Stadt zur andern,
juchheißaßa andern,
sprach Pilatus.

Jetzt kommen wir vor ein Wirtshaus,
sprach Petrus.
Frau Wirtin schenkt uns Wein heraus,
juchheißaßa Wein heraus,
sprach Pilatus.

Womit willst du bezahlen,
  sprach Petrus.
Ich hab noch einen Taler,
juchheißaßa Taler,
  sprach Pilatus.

Wo hast du denn den Taler bekommen,
  sprach Petrus.
Ich hab ihn einem Bauern genommen,
juchheißaßa genommen,
  sprach Pilatus.

Jetzt hast du keinen Segen,
  sprach Petrus.
Was ist daran gelegen,
juchheißaßa gelegen,
  sprach Pilatus.

Jetzt kommst du nicht in Himmel hinein,
  sprach Petrus.
So reit ich auf einem Schimmel hinein,
juchheißaßa Schimmel hinein,
  sprach Pilatus.

So fällst du hinunter und brichst das Bein,
  sprach Petrus.
So rutsch ich auf dem Hintern hinein,
juchheißaßa Hintern hinein,
  sprach Pilatus.

Ein Kind spielt den Petrus, eins den Pilatus. Sie reichen sich kreuzweis die Hände und gehen singend auf und ab; und bei »Pilatus« drehen sie sich schnell herum und wandern wieder zurück.

Das Lied vom Jockel

Der Herr der schickt den Jockel aus,
er soll den Hafer schneiden.
Der Jockel schneidt den Hafer nicht
und kommt auch nicht nach Haus.

Da schickt der Herr den Pudel aus,
er soll den Jockel beißen.
Der Pudel beißt den Jockel nicht,
der Jockel schneidt den Hafer nicht
und kommt auch nicht nach Haus.

Da schickt der Herr den Prügel aus,
er soll den Pudel schlagen.
Der Prügel schlägt den Pudel nicht,
der Pudel beißt den Jockel nicht,
der Jockel schneidt den Hafer nicht
und kommt auch nicht nach Haus.

Da schickt der Herr das Feuer aus,
es soll den Prügel brennen.
Das Feuer brennt den Prügel nicht,
der Prügel schlägt den Pudel nicht,
der Pudel beißt den Jockel nicht,
der Jockel schneidt den Hafer nicht
und kommt auch nicht nach Haus.

Da schickt der Herr das Wasser aus,
es soll das Feuer löschen.
Das Wasser löscht das Feuer nicht,
das Feuer brennt den Prügel nicht,

der Prügel schlägt den Pudel nicht,
der Pudel beißt den Jockel nicht,
der Jockel schneidt den Hafer nicht
und kommt auch nicht nach Haus.

Da schickt der Herr den Ochsen aus,
er soll das Wasser saufen.
Der Ochse säuft das Wasser nicht,
das Wasser löscht das Feuer nicht,
das Feuer brennt den Prügel nicht,
der Prügel schlägt den Pudel nicht,
der Pudel beißt den Jockel nicht,
der Jockel schneidt den Hafer nicht
und kommt auch nicht nach Haus.

Da schickt der Herr den Schlächter aus,
er soll den Ochsen schlachten.
Der Schlächter schlacht den Ochsen nicht,
der Ochse säuft das Wasser nicht,
das Wasser löscht das Feuer nicht,

das Feuer brennt den Prügel nicht,
der Prügel schlägt den Pudel nicht,
der Pudel beißt den Jockel nicht,
der Jockel schneidt den Hafer nicht
und kommt auch nicht nach Haus.

Da schickt der Herr den Henker aus,
er soll den Schlächter hängen.
Der Henker hängt den Schlächter nicht,
der Schlächter schlacht den Ochsen nicht,
der Ochse säuft das Wasser nicht,
das Wasser löscht das Feuer nicht,
das Feuer brennt den Prügel nicht,
der Prügel schlägt den Pudel nicht,
der Pudel beißt den Jockel nicht,
der Jockel schneidt den Hafer nicht
und kommt auch nicht nach Haus.

Da schickt der Herr den Teufel aus,
er soll den Henker holen.

Der Teufel holt den Henker nicht,
der Henker hängt den Schlächter nicht,
der Schlächter schlacht den Ochsen nicht,
der Ochse säuft das Wasser nicht,
das Wasser löscht das Feuer nicht,
das Feuer brennt den Prügel nicht,
der Prügel schlägt den Pudel nicht,
der Pudel beißt den Jockel nicht,
der Jockel schneidt den Hafer nicht
und kommt auch nicht nach Haus.

Da geht der Herr nun selbst hinaus
und macht gar bald ein End daraus.
Der Teufel holt den Henker nun,
der Henker hängt den Schlächter nun,
der Schlächter schlacht den Ochsen nun,
der Ochse säuft das Wasser nun,
das Wasser löscht das Feuer nun,
das Feuer brennt den Prügel nun,
der Prügel schlägt den Pudel nun,
der Pudel beißt den Jockel nun,
der Jockel schneidt den Hafer nun
und kommt auch gleich nach Haus.

Zehn kleine Negerlein

Zehn kleine Negerlein, die schliefen in der Scheun.
Einer ging im Heu verloren, da warens nur noch neun.

Neun kleine Negerlein, die gingen auf die Jagd.
Da hat sich eines totgeschossen, da warens nur noch acht.

Acht kleine Negerlein, die gingen Kegel schieben.
Da hat sich eines totgeschoben, da warens nur noch sieben.

Sieben kleine Negerlein, die gingen zu ner Hex.
Da hat sie eines aufgegessen, da warens nur noch sechs.

Sechs kleine Negerlein, die gingen in die Sümpf.
Der eine ist drin stecken blieben, da warens nur noch fünf.

Fünf kleine Negerlein, die tranken gerne Bier.
Da hat sich einer totgesoffen, da warens nur noch vier.

Vier kleine Negerlein, die kochten einen Brei.
Da hat sich einer totgegessen, da warens nur noch drei.

Drei kleine Negerlein, die gingen in die Türkei.
Da wurde einer aufgespießt, da warens nur noch zwei.

Zwei kleine Negerlein, die gingen zu einem Schreiner.
Der eine wurd in Sarg gelegt, da war es nur noch einer.

Ein kleines Negerlein, das fuhr in einer Kutsch.
Die Kutsch, die ist zerbrochen, da warn sie alle futsch.

Wer der Geschichte eine glücklichere Wendung geben will,
der singt zum Schluß:

Ein kleines Negerlein, das war entsetzlich schlau,
das ging zurück nach Kamerun und nahm sich
eine Frau.

Wenn i emal es Schätzeli ha,
so weiß i, was i tue:
i tue ne in e Haberkaste
und schlo der Deckel zue.

Und wenn sie dann no bitte will:
O Ma, o tue mer auf,
so nimm i nur mei Hämmerli
und klopfe lustig drauf.

Und wenn mi Ma nit folge will,
so weiß i, was i tue:
i tue ne in e Säckeli
und bind en oben zue.

Und wenn er schreit: Mach auf,
du liebe Frau, mach auf,
so nimm i nur den Besenstiel
und haue kräftig drauf.

Sterneblumen, Tulipa,
die Frau isch Meister und nit der Ma.

Vom kleinen Mann

Es war einmal ein kleiner Mann
und eine schöne große Frau.

Die Frau, die wollt zum Tanze gehn,
der kleine Mann wollt auch mitgehn.

Ach kleiner Mann, bleib du zu Haus,
du wäschst mir Schüsseln und Teller aus.

Und als die Frau vom Tanze kam,
da saß der Mann beim Ofen und spann,

Und leckte seinen Teller ab,
und leckte seinen Teller ab.

Da kriegt die Frau den großen Stock
und schlug den Mann wohl übern Kopp.

Der Mann, der kroch ins Butterfaß,
und guckt er raus, so kriegt er was.

Guten Tag, Vater Hollentee!
Großen Dank, Pif Paf Poltrie.
Könnt ich wohl eure Tochter kriegen?
O ja, wenn Mutter Malcho,
Bruder Hohenstolz,
Schwester Käsetraut
und schön Katrinelje will.
Wo ist dann die Mutter Malcho?
Sie ist im Stall und melkt die Kuh.
Wo ist dann der Bruder Hohenstolz?
Er ist in der Kammer und hackt das Holz.
Wo ist dann die Schwester Käsetraut?
Sie ist im Garten und schneidet das Kraut.
Wo ist dann die schöne Katrinelje?
Sie ist in der Kammer und zählt ihre Pfennige.
Schön Katrinelje, wieviel hast du an Heiratsgut?
Vierzehne Pfennig bares Geld,
drittehalb Groschen Schuld,
ein halb Pfund Hutzeln,
eine Handvoll Prutzeln,
eine Handvoll Wurzeln,
und so der watt:
Is dat nich en guden Brutschatt?

As Hänsken in de Schosteen satt
un flickte sine Scho,
do keen son wacker Mäken her,
dat keek so nippe to.

Do sä he: Wenn du freen wult,
so free du blot n Papen,
denn kannst dien Geld mit Singen verdeen
un kannst ook lange slaapen.

Papenfroen, de sunt nich good,
de möt so veele singen,
veel leber woll ik n Goldsmid nemen
un dregen golden Ringen.

Goldsmidfroen, de sunt nich good,
de möt so veele blasen,
veel lever woll ik n Wientapper nemen
un drinken uut de Glasen.

Wientapperfroen, de sunt nich good,
de möt so veele tappen,
veel lever woll ik n Snieder nemen
un flicken olle Lappen.

Sniederfroen, de sunt nich good,
de möt so veele neien,
veel lever woll ik n Schipper nemen
un faren up de Maien.

Schipperfroen, de sunt nich good,
de möt so veele sorgen,
veel lever woll ik n Pracher nemen
un slaapen bit an den Morgen.

Mien levet Liesken

Hale Water, mien levet Liesken,
hale Water, mien Zucker-Müsken,
du bist ja mien Schatz!
Wor schal ik t denn in halen, lütje Friedrich?

In n Pott, mien levet Liesken,
in n Pott, mien Zucker-Müsken,
du bist ja mien Schatz!
Wenn de Pott averst n Lock hat, lütje Friedrich?

Stopp et to, mien levet Liesken,
stopp et to, mien Zucker-Müsken,
du bist ja mien Schatz!
Wor schall ik t denn mit to stoppen, lütje Friedrich?

Mit Stroh, mien levet Liesken,
mit Stroh, mien Zucker-Müsken,
du bist ja mien Schatz!
Wenn t Stroh averst to lang is, lütje Friedrich?

Haut et av, mien levet Liesken,
hau et av, mien Zucker-Müsken,

du bist ja mien Schatz!
Wor schall ik t denn mit av hauen, lütje Friedrich?

Mit n Biel, mien levet Liesken,
mit n Biel, mien Zucker-Müsken,
du bist ja mien Schatz!
Wenn t Biel averst stump is, lütje Friedrich?

Mak et scharp, mien levet Liesken,
mak et scharp, mien Zucker-Müsken,
du bist ja mien Schatz!
Wor schall ik t denn up scharp maken, lütje Friedrich?

Up n Steen, mien levet Liesken,
up n Steen, mien Zucker-Müsken,
du bist ja mien Schatz!
Wenn de Steen averst dröge is, lütje Friedrich?

Mak n natt, mien levet Liesken,
mak n natt, mien Zucker-Müsken,
du bist ja mien Schatz!
Wor schall ik n denn mit natt maken, lütje Friedrich?

Hale Water, mien levet Liesken . . .

und so weiter, wie zu Anfang.

Die listige Frau

On wenn et regent, denn öss et natt,
denn geit min Mann nich na der Stadt.
Min Mann öss to Hus, min Mann öss to Hus,
min lewer söter Mann!
Schlap ön, min Kind, ön goder Roh,
mak dine blanke Ogkes to!

Fru, wat singst du doch hiede fer dammliget Tieg?

Öck kann doch singe, wat öck wöll,
öck krieg doch sonst min Kind nich stöll.
Min Mann öss to Hus, min Mann öss to Hus,
min lewer söter Mann!
Schlap ön, min Kind, ön goder Roh,
mak dine blanke Ogkes to!

Der Liebhaber klopft draußen an.

Hei öss e rechter Dommerjahn,
kann hei denn gar kein Dütsch verstahn?
Min Mann öss to Hus, min Mann öss to Hus,
min lewer söter Mann!
Schlap ön, min Kind, ön goder Roh,
mak dine blanke Ogkes to!

Der Liebhaber klopft weiter.

Da mag dat Donner on Wedder drön schlahn,
kann hei denn nich von de Dähr weggahn?
Min Mann öss to Hus, min Mann öss to Hus,
min lewer söter Mann!
Schlap ön, min Kind, ön goder Roh,
mak dine blanke Ogkes to!

Der Liebhaber entfernt sich.

Dei Angst dei öss nu äwerstande,
nu öss hei von de Dähr gegange.
Min Mann öss to Hus, min Mann öss to Hus,
min lewer söter Mann!
Schlap ön, min Kind, ön goder Roh,
mak dine blanke Ogkes to!

Die Federgans

Was trägt die Gans auf ihrem Schnabel?
Dank sei der Federgans:
einen Ritter mitsamt dem Sabel
trägt die Gans auf ihrem Schnabel.
Dank sei der Federgans,
dank sei der Gickelgackel,
hinten geht es wickelwackel,
vorn gehts fli-fla-flederwisch.

Was trägt die Gans auf ihrem Kopf?
Dank sei der Federgans:
einen dicken Koch mitsamt dem Topf
trägt die Gans auf ihrem Kopf.
Dank sei der Federgans . . .

Was trägt die Gans auf ihrem Kragen?
Dank sei der Federgans:
einen Fuhrmann mit Roß und Wagen
trägt die Gans auf ihrem Kragen.
Dank sei der Federgans . . .

Was trägt die Gans auf ihren Flügeln?
Dank sei der Federgans:

einen stattlichen Reiter mitsamt den Bügeln
trägt die Gans auf ihren Flügeln.
Dank sei der Federgans . . .

Was trägt die Gans auf ihrem Rücken?
Dank sei der Federgans:
ein altes Weib mitsamt den Krücken
trägt die Gans auf ihrem Rücken.
Dank sei der Federgans . . .

Was trägt die Gans auf ihren Zehen?
Dank sei der Federgans:
eine Jungfrau, die tut Hemdlein nähen,
trägt die Gans auf ihren Zehen.
Dank sei der Federgans . . .

Was trägt die Gans auf ihrem Schwanz?
Dank sei der Federgans:
eine Jungfrau in dem Hochzeitskranz
trägt die Gans auf ihrem Schwanz.
Dank sei der Federgans . . .

Was trägt die Gans auf ihren Füßen?
Dank sei der Federgans:
die Braut, den Bräutigam zu begrüßen,
trägt die Gans auf ihren Füßen.
Dank sei der Federgans . . .

Der Kittel Hintenzipf

Ich hab einen Kittel Hintenzipf,
geht vornen nicht zusammen.
Bin ich zu einer Nonn gegangen.
Ach liebe Nonn, gib auch dazu,
daß der Kittel fertig wird.
Sprach die Nonn: Das soll geschehn,
will dir meine Kutte geben.
Ei so haben wir eine Kutt!
Nonnenkutt, Hintenzipf,
freu dich Mädel,
der Kittel wird hübsch!

Ich hab einen Kittel Hintenzipf,
geht vornen nicht zusammen.
Bin ich zu einem Hahn gegangen.
Ach lieber Hahn, gib auch dazu,
daß der Kittel fertig wird.
Sprach der Hahn: Das soll geschehn,
will dir meinen Kamm dazugeben.
Ei so haben wir einen Kamm!
Hahnenkamm, Nonnenkutt, Hintenzipf,
freu dich, Mädel,
der Kittel wird hübsch!

Ich hab einen Kittel Hintenzipf,
geht vornen nicht zusammen.
Bin ich zu einer Gans gegangen.
Ach liebe Gans, gib auch dazu,
daß der Kittel fertig wird.
Sprach die Gans: Das soll geschehen,
will dir meinen Ganskragen geben.

Ei so haben wir einen Ganskragen!
Ganskragen, Hahnenkamm,
Nonnenkutt, Hintenzipf,
freu dich Mädel,
der Kittel wird hübsch!

Ich hab einen Kittel Hintenzipf,
geht vornen nicht zusammen.
Bin ich zu einer Ent gegangen.
Ach liebe Ent, gib auch dazu,
daß der Kittel fertig wird!
Sprach die Ent: Das soll geschehen,
will dir meinen Schnabel geben.
Ei so haben wir einen Schnabel!
Entenschnabel, Gänsekragen,
Hahnenkamm, Nonnenkutt,
Hintenzipf,
freu dich Mädel,
der Kittel wird hübsch!

Ich hab einen Kittel Hintenzipf,
geht vornen nicht zusammen.
Bin ich zu einem Has gegangen.
Ach lieber Has, gib auch dazu,
daß der Kittel fertig wird.
Sprach der Has: Das soll geschehen,
will dir meinen Lauf dazu geben.
Ei so haben wir einen Hasenlauf!
Hasenlauf, Entenschnabel,
Gänsekragen, Hahnenkamm,
Nonnenkutt, Hintenzipf,
freu dich Mädel,
der Kittel wird hübsch!

Die Musikanten

Schönster Schatz auf der Erden,
was kannst du machen,
was kannst du spielen?
Ich kann wohl spielen auf meiner Trumm.
Rum bum bidi bum,
so macht meine Trumm,
rum bum bidi bum.

Schönster Schatz auf der Erden,
was kannst du machen,
was kannst du spielen?
Ich kann wohl spielen auf meiner Flöt.
Dill dill dill,
so macht meine Flöt,
rum bum bidi bum,
so macht meine Trumm,
rum bum bidi bum,
dill dill dill.

Schönster Schatz auf der Erden,
was kannst du machen,
was kannst du spielen?
Ich kann wohl spielen auf meiner Geig.
Ging ging ging,
so macht meine Geig,
dill dill dill . . .

Schönster Schatz auf der Erden,
was kannst du machen,
was kannst du spielen?
Ich kann wohl spielen auf meiner Zither.
Bring bring bring,
so macht meine Zither,
ging ging ging . . .

Schönster Schatz auf der Erden,
was kannst du machen,
was kannst du spielen?
Ich kann wohl spielen auf meiner Laute.
Blum blum blum,
so macht meine Laute,
bring bring bring . . .

Schönster Schatz auf der Erden,
was kannst du machen,
was kannst du spielen?
Ich kann wohl spielen auf meinem Fagott.
Du du du,
so macht mein Fagott,
blum blum blum . . .

Schönster Schatz auf der Erden,
was kannst du machen,
was kannst du spielen?
Ich kann wohl spielen auf meiner Leier.
Eng eng eng,
so macht meine Leier,
du du du . . .

Schönster Schatz auf der Erden,
was kannst du machen,
was kannst du spielen?
Ich kann wohl spielen auf meiner Baßgeig.
Gu gu gu, macht meine Baßgeig,
eng eng eng, so macht meine Leier,
du du du, so macht mein Fagott,
blum blum blum, so macht meine Laute,
bring bring bring, so macht meine Zither,
ging ging ging, so macht meine Geig,
dill dill dill, so macht meine Flöt,
rum bum bidi bum, so macht meine Trumm,
rum bum bidi bum,
dill dill dill,
ging ging ging,
bring bring bring,
blum blum blum,
du du du,
eng eng eng,
gu gu gu,
in Ewigkeit Amen!

Die Käferhochzeit

Der Käfer und die Fliege,
die wollten einander kriege.
Die Fliege wollt zum Bade gehn,
sieben Mägde mußten mit ihr gehn.
Die erste sollt tragen die Seife,
die andre sollt sie schweife,
die dritte trug das Wasser,
die vierte sollt sie wasche,
die fünfte trug ein Badestuhl,
die sechste trug ein neu Paar Schuh.
Wo ist die siebte, die goldne Mück,
daß sie mir wäscht den schneeweißen Rück,
daß sie mir wäscht die schneeweiße Haut?
Aufn Sonntag bin ich des Käfers Braut.
Jetzt war die Braut im Bad ersoffen,
kein Hilf, die war da mehr zu hoffen.
Der Käfer kreucht übern Steg hinweg,
da kommt der Hahn und frißt ihn weg.
Da ist nun Braut und Bräutigam tot,
da ist die Freundschaft in großer Not.

Die Vogelhochzeit

Die Vögel wollten Hochzeit halten.
Sie sangen überlaut:
Vidirallala, vidirallala,
vidiralla lala la.

Die Amsel war der Bräutigam,
er hatte schwarze Kleider an.

Die Drossel, seine Braute,
trug einen Kranz von Raute.

Der Finke, der Finke,
der bringt der Braut die Strümpfe.

Der Kakadu, der Kakadu,
der bringt der Braut die neuen Schuh.

Der grüne Specht, der grüne Specht,
der macht der Braut das Haar zurecht.

Der Kuckuck schreit, der Kuckuck schreit,
er bringt der Braut das Hochzeitskleid.

Der Sperling, der Sperling,
der bringt der Braut den Trauring.

Die Taube, die Taube,
die bringt der Braut die Haube.

Der Geier, der Geier,
der bringt der Braut den Schleier.

Die Federgans, die Federgans,
die bringt der Braut den Hochzeitskranz.

Die Lerche, die Lerche,
die bringt die Braut zur Kerche.

Der Auerhahn, der Auerhahn,
das ist der Küster und Kaplan.

Der Stiegelitz, der Stiegelitz,
der bringt die Braut zum Kirchensitz.

Brautmutter war die Eule,
nahm Abschied mit Geheule.

Der schwarze Rab, der war der Koch,
man siehts an seinen Federn noch.

Der Papagei mit krummem Schnabel,
der bringt den Gästen Messer und Gabel.

Der Wiedehopf, der Wiedehopf,
der schenkt der Braut ein Blumentopf.

Die Anten, die Anten,
das sind die Musikanten.

Die Meise, die Meise,
die trug herein die Speise.

Die Nachtigall, die Nachtigall,
die führt die Braut in den Tanzsaal.

Der Pfau mit seinem langen Schwanz
macht mit der Braut den ersten Tanz.

Der Uhu, der Uhu,
der macht die Fensterläden zu.

Die Schneppe, die Schneppe,
die führt die Braut zu Bette.

Sieh mich, sieh mich, sieh mich an,
jetzt sind wir schon Frau und Mann.

Nun ist die Vogelhochzeit aus,
und alle Vögel fliegen nach Haus.
Vidirallala, vidirallala,
vidiralla lala la.

Der Butzemann

Ich und du und s Butzemännle
sind von Gott erschaffen,
ich und du und s Butzemännle
gingen zu den Pfaffen.

Als wir von den Pfaffen kamen,
gingen wir zu Tische,
ich und du und s Butzemännle,
aßen Vögel und Fische.

Als wir von dem Tische kamen,
gingen wir zu Bette,
ich und du und s Butzemännle,
zankten um die Decke.

Als wir um die Decke zankten,
fing das Bett an krachen.
Ich und du und s Butzemännle,
mußten herzlich lachen.

Will ich in mein Gärtlein gehn,
will mein Zwiebeln gießen,
steht ein bucklicht Männlein da,
fängt als an zu niesen.

Will ich in mein Küchel gehn,
will mein Süpplein kochen,
steht ein bucklicht Männlein da,
hat mein Topf zerbrochen.

Will ich in mein Stüblein gehn,
will mein Müslein essen,
steht ein bucklicht Männlein da,
hats schon halber gessen.

Will ich in mein Keller gehn,
will mein Weinlein zapfen,
steht ein bucklicht Männlein da,
tut mir n Krug wegschnappen.

Will ich auf mein Boden gehn,
will mein Hölzlein holen,
steht ein bucklicht Männlein da,
hat mirs halber gstohlen.

Setz ich mich ans Rädlein hin,
will mein Fädlein drehen,
steht ein bucklicht Männlein da,
läßt mirs Rad nicht gehen.

Geh ich in mein Kämmerlein,
will mein Bettlein machen,
steht ein bucklicht Männlein da,
fängt als an zu lachen.

Wenn ich an mein Bänklein knie,
will ein bißchen beten,
steht ein bucklicht Männlein da,
fängt als an zu reden:

Liebes Kindlein, ach ich bitt,
bet fürs bucklicht Männlein mit!

Ei, ei, ei! sagt mein Weib,
Knödel soll i kochen,
hab kein Salz, hab kein Schmalz,
s Haferl is mir brochen.

Will i glei zum Hafner gehn
und ein Haferl kaufen,
steht ein buckligs Männle da,
tut mit m Hafner raufen.

Will i glei in Keller gehn,
will ein Seidel lassen,
steht es bucklig Männle da,
tritt mir zsamm die Flaschen.

Will i glei aufn Speicher gehn
und will Äpfel schnabeln,
steht es bucklig Männle da
mit der Ofengabel.

Will ich glei in d Kuchel gehn
und will Honig schlecken,
springt mer s bucklig Männle nach
mit dem großen Stecken.

Will i glei ins Bettle gan,
will meine Händle falten,
steht es bucklig Männle da,
kann sei Maul net halten.

Will i glei in Garten gehn
und will fleißig gießen,
steht es bucklig Männle da
und will mi derschießen.

Will i glei zum Richter gehn,
s Männle gschwind verklogen,
seh kei buckligs Männle mehr,
auf und davon wars gflogen.

Klein Ännchen

Klein Ännchen von der Mühle
saß eines Abends kühle
auf einem breiten Stein,
auf einem breiten Stein.

Kaum hat sie angefangen,
da kam der Prinz gegangen,
ein Ritter jung und schön,
ein Ritter jung und schön.

Klein Ännchen, hast du Eltern?
Ach nein, ich habe keine.
Komm mit mir in mein Schloß,
komm mit mir in mein Schloß.

Als Fürstin sollst du leben,
in Samt und Seide schweben,
in Gold und Edelstein
sollst du begraben sein.

Im Jahre sechsundsechzig
zu Luxemburg am Rhein,
da ward ein Kind geboren
mit Namen Humpelbein.
Zum tria tria Humpel,
zum tria Humpelbein.

Schauspielrin wollt sie werden,
die Mutter sagte: Nein!
Kuhhirtin sollst du werden,
Verflixtes Humpelbein.
Zum tria tria Humpel,
zum tria Humpelbein.

Und als es war gestorben,
die Mutter weinte sehr.
Der Lehrer in der Schule,
der weinte noch viel mehr.
Zum tria tria Humpel,
zum tria Humpelbein.

Und als es war gestorben
und fuhr zum Himmel ein,
da riefen alle Engel:
Jetzt kommt das Humpelbein!
Zum tria tria Humpel,
zum tria Humpelbein.

Beim tria tria wird um den Tisch gehumpelt.

Schäferin und Edelmann

Es ritt ein Edelmann zum Tor hinaus,
die Schäferin weidet ihre Lämmer aus.

Der Edelmann nahm sein Hütchen ab
und bot der Schäfrin einen guten Tag.

Ach Edelmann, laß dein Hütchen stehn,
ich bin eine arme Schäferin.

Bist du eine arme Schäferin,
und kannst in Samt und Seide gehn?

Was gehts den lumpigen Edelmann an,
wenns nur mein Vater bezahlen kann!

Ach Schäfrin, reiz mich nicht zum Zorn,
sonst laß ich dich werfen in den blauen Torm!

Ach Edelmann, laß mich leben,
ich will dir fünfzig Taler geben.

Fünfzig Taler ist für mich kein Geld,
und Schäfrin, du mußt sterben, wenns mir gefällt.

Ach Edelmann, schenk mir mein Leben,
ich will dir hundert Taler geben.

Hundert Taler ist für mich kein Geld,
Schäfrin, du mußt sterben, wenns mir gefällt.

Ach Edelmann, schenk mir mein Leben,
ich will dir alle meine Lämmlein geben.

Willst du mir deine Lämmlein geben,
will ich dir mein Sohn zum Manne geben.

Deinen Sohn zum Mann begehr ich nicht,
dein Sohn, der ist kein Wirt für mich.

Ach Schäfrin, reiz mich nicht zum Zorn,
sonst laß ich dich werfen in den eisernen Torm!

Ich mag nicht sterben, ich will es nicht,
mein Vater hat Geld, der bezahlt für mich.

Und gibt mir dein Vater auch all sein Geld,
so mußt du doch sterben, wenns mir gefällt.

Ach Edelmann, schenk mir mein Leben,
ich will dir eine goldne Krone geben.

Willst du mir eine goldne Krone geben,
so schenk ich, Schäfrin, dir dein Leben.

Und als der Edelmann die Krone besah,
da war es lauter Haferstroh.

Das hungrige Kind

Ach Mutter, ach Mutter, es hungert mich,
gib mir Brot, sonst sterbe ich!
Warte nur, mein liebes Kind,
morgen wolln wir säen geschwind.

Und als das Korn gesäet war,
rief das Kind noch immerdar:
Mutter, ach Mutter, es hungert mich,
gib mir Brot, sonst sterbe ich!
Warte nur, mein liebes Kind,
morgen wollen wir schneiden geschwind.

Und als das Korn geschnitten war,
rief das Kind noch immerdar:
Mutter, ach Mutter, es hungert mich,
gib mir Brot, sonst sterbe ich!
Warte nur, mein liebes Kind,
morgen wollen wir dreschen geschwind.

Und als das Korn gedroschen war,
rief das Kind noch immerdar:
Mutter, ach Mutter, es hungert mich,
gib mir Brot, sonst sterbe ich!
Warte nur, mein liebes Kind,
morgen wollen wir mahlen geschwind.

Und als das Korn gemahlen war,
rief das Kind noch immerdar:
Mutter, ach Mutter, es hungert mich,
gib mir Brot, sonst sterbe ich!
Warte nur, mein liebes Kind,
morgen wollen wir backen geschwind.

Und als das Brot gebacken war,
lag das Kind auf der Totenbahr.

Moritat

Als die wunderschöne Anna
auf dem Breitensteine saß
und kröllte so schön ihr schwarzbraunes Haar,
sieh, da kam einmal ein Fähnerich
geritten daher.
Ach du wunderschöne Anna,
warum weinest du so sehr?

Ich weine nicht nach Reichtum und Gut,
ich weine, daß ich heute noch sterben muß.

Sieh, der Fähnerich der zog seinen Säbel hervor
und er stach die wunderschöne Anna
durch und durch.

Ach Fähnerich, ach Fähnerich,
was hast du denn getan?
Wovon ist dein Schwertchen denn so rot?

Ich habe gestern abend zwei Täubchen geschlacht,
davon ist mir noch mein Schwertchen so rot.

Zwei Täubchen geschlacht,
das kann es ja nicht sein,
die wunderschöne Anna
wird das Täubchen wohl sein.

Mich dünkt, wir geben einen Ball,
sprach die Nachtigall.
So? sprach der Floh.
Was werden wir essen?
sprachen die Wespen.
Nudeln! sprachen die Pudeln.
Was werden wir trinken?
sprachen die Finken.
Bier! sprach der Stier.
Nein, Wein! sprach das Schwein.
Wo werden wir tanzen?
sprachen die Wanzen.
Im Haus! sprach die Maus.
Auf dem Tisch! sprach der Fisch.

Ballade vom Herrn Latour

Wer sitzt in diesem tiefen Turm,
bewacht von einem Drachenwurm?
Das ist des Grafen Töchterlein,
es sitzt im tiefen Turm allein.
Wo bleibt denn nur der Herr Latour?
Vive l'a-, vive l'a-, vive l'amour!

Da reitt der Herr von Ninive
auf seinem Schimmel in die Höh.
Was will der Herr von Ninive?
Er will das arme Kind befrein,
doch läßt der Wurm ihn nicht herein.
Wo bleibt denn nur der Herr Latour?
Vive l'a-, vive l'a-, vive l'amour!

Da kommt der Herr von Ehrenwert
mit Roß und Schild und Spieß und Schwert.
Was tut der Herr von Ehrenwert?
Wie der den Drachen brüllen hört,
da läßt er fallen Schild und Schwert.
Wo bleibt denn nur der Herr Latour?
    Vive l'a-, vive l'a-, vive l'amour!

Da kommt heran der Herr Latour,
bewaffnet mit dem Schwerte nur.
Was macht denn nun der Herr Latour?
Er sprengt heran auf seinem Pferd
und schlägt ihn tot mit seinem Schwert.
Der tapfre, brave Herr Latour!
    Vive l'a-, vive l'a-, vive l'amour!

Wir tanzen um den Turm herum,
der Wurm ist tot, der Turm liegt um!
Was macht denn nun der Herr Latour?
Er setzt das Töchterlein auf sein Roß,
hält Hochzeit dann auf seinem Schloß.
Wir tanzen rund und singen nur:
    Vive l'a-, vive l'a-, vive l'amour!

Des Kaisers Töchterlein

Es war ein Kaiser auf dem Rhein,
der hatt drei schöne Töchterlein.

Die erste wollt die reichste sein,
die zweite zog ins Kloster ein.

Die dritte zog ins ferne Land,
da war sie fremd und unbekannt.

Bei einer Wirtin klopft sie an,
da ward die Tür ihr aufgetan.

Wer liegt da draußen vor der Tür?
Eine arme Dienstmagd liegt dafür.

Eine solche Dienstmagd brauch ich nicht,
die abends vor der Türe liegt.

Frau Wirtin nahm sie ein halbes Jahr,
sie aber dient ihr sieben Jahr.

Und als die sieben Jahr umme warn,
da war das Mägdlein krank und lahm.

Frau Wirtin reicht ihr ein Glas Wein:
Wer mögen deine Eltern sein?

Mein Vater ist Kaiser auf dem Rhein,
und ich sein liebes Töchterlein.

Mein Kind, das hättst du ehr solln sagen,
Samt und Seide könntst du tragen.

Und als das Kind gestorben war,
drei Lilien wuchsen auf ihrem Grab.

NACHWORT

Herkunft

Poesie ist älter, und jünger, als was wir Kultur zu nennen uns angewöhnt haben. Das Märchen beweist es, und der Kinderreim. Sie sind die prima poesis eines jeden Menschenlebens. Was Sprache als Vers und Bild vermag, lernen wir ihnen ab. Sie gehen einer jeden Literatur voraus: historisch der Erfindung der Schrift, biographisch ihrer Beherrschung.

Über den Ursprung des Kinderreims, wie über den des Märchens, ist freilich viel gefabelt worden. Unter den Gelehrten des neunzehnten Jahrhunderts war seine mythologische Ausdeutung im Schwange; im Kinderreim glaubten sie einen Zipfel jener germanischen Vorzeit in Händen zu halten, von der sie berauscht waren. Ihre Vermutungen waren voreilig. Die Anfänge des Kinderreims sind dunkel und vieldeutig. Der englische Sammler Peter Opie, heutzutage eine europäische Autorität auf dem Gebiet der historischen Erforschung des Kinderreims, schreibt: „Er speist sich aus vielen Quellen; keiner Epoche ist er zuzuschreiben; oft war, was wir Kinderreim nennen, ursprünglich gar nicht für Kinder gedacht." Manches, was als Volksgut gilt, ist abgesunkene Erwachsenen-Literatur, unkenntlich gewordene Kunstpoesie. Sprichwort und Rätsel, Moritat und Gassenhauer, Soldaten- und Trinklied, Scholaren- und Theatersongs, Flugschriften, Rufe von Straßenverkäufern und Krämern, Balladen und Volkslieder, verschollenes Brauchtum und Ritual: dies alles findet sich im Kinderreim wieder, zersungen, verballhornt, parodiert, aber auch umfunktioniert und verjüngt. Manchen Reimen merkt man an, daß sie jünger sind als die Eisenbahn oder das Automobil; andere sind uralt. „Lalla, lalla, lalla, aut dormi, aut lacte": dieses römische Wiegenlied ist in den Scholien zu Persius überliefert; ein weiteres Zeugnis aus der antiken Literatur ist die *puerorum nenia* des Horaz. Auch die Bibel zitiert einen alten Kinderreim (Lukas 7, 32). Die frühesten englischen Belege reichen ins vierzehnte Jahrhundert zurück; noch hundert Jahre älter ist die erste Niederschrift in deutscher Sprache: „Wigen, wagen, gîgen, gagen / wenne wil ez tagen? / Minne, minne, trûte minne, / swîc, ich wil dich wagen." Gotfrid von Nîfen hat diesen

Reim aufgezeichnet. Ein paar Jahrzehnte später zitiert der Dominikanermönch Ulrich Boner in seiner Exempla-Sammlung, dem *Edelstein,* die folgenden Verse: „Swîg, mîn liebez kint! / Swîgest nicht, der wolf dich nimt; / dem wil ich dich schiere geben. / Swîg, wiltu behalten dîn leben." Und so fort durchs ganze Mittelalter. Noch etwas anderes spricht dafür, daß manche Kinderreime hochbetagt sind, nämlich ihre Verbreitung über ganz Europa. „Ziehe durch, ziehe durch, / durch die goldne Brücke! / Sie ist entzwei, sie ist entzwei, / wir wolln sie wieder flicken": dieses Brückenlied in seinen vielen Verwandlungen ist in Frankreich, Italien, Spanien, in Dänemark, Ungarn und der Slowakei ebenso zuhause wie in Deutschland und England. „Schneck, Schneck, komm heraus", das ist in ganz Nordeuropa zu hören. Es gibt Reime, die reichen von Island bis ans Schwarze Meer. Die Gelehrten mögen sich einen Vers darauf machen; aber keine Regel. Buntscheckig wie er selber wird auch die Geschichte des Kinderreims sein; er kennt kein Copyright, nimmt sich, was ihm gefällt, wo er's findet und geht damit nach seiner Laune um.
Sein wahres Alter, seine wahre Jugend ist nicht nach den Jahrhunderten seiner, sondern an den Jahrzehnten unsrer eigenen Geschichte zu ermessen. Wir erfahren seine Poesie, als Krabbelmärchen, als Kniereiter, als Schlaflied am eignen Leib, längst ehe uns das Wort Begriff wird; so ist sie uns fraglos eingegeben und nicht mehr zu verlieren, mögen wir auch später von Poesie nichts mehr wissen wollen. „Man kann von den Leuten billigerweise ebensowenig prätendieren, daß sie poetisch sein, als daß sie gesund sein sollen" – das hat Eichendorff gesagt; einmal aber, als Kinder, müssen sie's gewesen sein: der Kinderreim bezeugt es, und bezeugt so die Allgegenwart der Poesie. Sie ist ein Lebensmittel. Der Kinderreim gehört zum poetischen Existenzminimum. Das macht sein zähes und unzerstörbares Leben aus.

Fortleben

Für unzerstörbar freilich hat viel gegolten und ist zum Ewigen Vorrat deutscher Poesie gerechnet worden, wovon doch mancher unter uns längst nichts mehr weiß noch wissen will. Seit dem Hintritt der „gebildeten Stände“ ist eine jede literarische Tradition für uns problematisch, zweideutig, fraglich geworden. Sie ist es am Ende immer schon gewesen, auch da man sie noch im Tornister über die Schlachtfelder des Imperialismus trug und in den Schulen bei Strafe des Arrestes auswendig zu lernen hatte. Das bürgerliche Zeitalter hat früh bemerkt, wie Poesie zur Sache der wenigen geworden war. Schon die Romantik litt darunter und glaubte doch ein unfehlbares Heilmittel zu haben, nach dem es nur die Hände auszustrecken galt: die Natur- oder Volkspoesie. „So manches wunderbare Lied“, schrieb Arnim in seinem Aufsatz *Von Volksliedern,* „ist aus den Ohren des Volkes verklungen, den Gelehrten allein übrig blieben, die es nicht verstehen, daß es fast nur ein Zufall, oder ein hohes Schicksal, wie uns so manches Wunderschöne in diesen Tagen angemahnt hat, zu fühlen und zu wissen, zu ahnden, zu träumen was Volkslied ist und wieder werden kann, das Höchste und Einzige zugleich durch Stadt und Land. Aber in den Gelehrten, wie sie vom Volke vergessen, so liegt gegenseitig in ihnen der Verfall des Volks, das tiefere Sinken der Gemüther, die Unfähigkeit mit eigenwilliger froher Ergebenheit dienen und mit unbesorgtem allgemeinen Willen zu befehlen, ja bis zur Unfähigkeit des Vergnügens, was die tiefste Entartung andeutet, die fast aufgegebene Freiheit des Lebens. – Die Gelehrten indessen versaßen sich über einer eigenen vornehmen Sprache, die auf lange Zeit alles Hohe und Herrliche vom Volke trennte. Nur wegen dieser Sprachtrennung in dieser Nichtachtung des besseren poetischen Theiles vom Volke mangelt dem neueren Deutschlande großentheils Volkspoesie . . . Es wird uns, die wir vielleicht eine Volkspoesie erhalten, in dem Durchdringen unserer Tage, es wird uns anstimmend seyn, ihre noch übrigen lebenden Töne aufzusuchen, sie kömmt immer nur auf dieser einen ewigen Himmelsleiter herunter, die Zeiten sind darin feste Sprossen, auf denen Regenbogen-Engel niedersteigen, sie grüßen versöhnend alle Gegensätzler unsrer Tage und heilen den großen Riß der Welt, aus dem die Hölle uns angähnt, mit ihrem Zeigefinger zusammen."

Die Hoffnung, ja die Zuversicht, die Arnim ins Volkslied setzte, hat getrogen. Heute ist in Deutschland das Volkslied ausgestorben oder verderbt. Was bereits zu Zeiten seiner größten Freunde und Sammler, was in Arnims eigenen Worten sich verrät, die Sehnsucht nach einem vergangenen Zustand der Gesellschaft, die retrospektive Vorliebe für ein patriarchalisches Dasein, wie es der Wohlmeinende allenfalls auf seinem Gute damals noch verwirklichen konnte, ist dem Volkslied zum Verhängnis geworden. In den hundert Jahren nach dem Erscheinen des *Wunderhorns* verkam es zur altdeutschen Spezialität. Je mehr und bemühter wurde es gesammelt und kommentiert, doch als Mumie; und die Kompendien, die Arnims und Brentanos Sammlung nachfolgten, gerieten zu bürgerlichen Etuis, die dem Beschauer das vermeintlich Naturwüchsige auf Plüsch gefüttert darboten. Je weniger die Wirklichkeit der industriellen Revolution mit ihnen zu vereinen war, desto mehr labte sich die Epoche an den alten Liedern. Nein, „den großen Riß der Welt" konnte das Volkslied nicht heilen. Eben als Kontrast zum Bestehenden wurde es genossen. Einerseits das Ännchen von Tharau, andrerseits Bismarcks Sozialistengesetze: so wurde die Volkspoesie zum Vehikel eines poetischen Tourismus in die Vergangenheit, so ist sie versunken. Militär und Kommersbuch haben sie adaptiert. Die Jugendbewegung wollte sie von ihren Flecken befreien und hat sie doch wider Willen ihrer tiefsten Erniedrigung zugeführt: dem Gebrüll der Hitlerjugend, die das Volkslied endlich zu Tode geschrien hat.

Ganz anders ist es dem Kinderreim ergangen. An seinem anarchischen Humor scheitert jede Ideologie. Auch einer strammen Volkskunde ist es nicht gelungen, ihn zum reaktionären Fetisch zu verzaubern. Ebenso eifrig – und vergeblich – haben sich Sing- und Spielbewegungen, fromme Kindergärtner und Advokaten eines „Jahrhunderts des Kindes" um ihn bemüht. Woher diese Immunität? Zunächst liegt, daß der Kinderreim niemands Diener ist und keinen Auftrag hat. Er war auf keinen Stand, nicht auf Herren und nicht auf Knechte, angewiesen. Nie hat er einen Unterschied zwischen seinen Benutzern gemacht; wer ihn im Mund führt, das sind die Kinder, den schließt er in eine klassenlose Gesellschaft ein. Er ist durchaus respektlos und macht sich lustig über Gott und die Welt. Autorität ist ihm zum Lachen; das läßt er Eltern und Lehrer fühlen. Reichtum imponiert ihm nicht, Armut schüchtert ihn nicht ein, von Geld und Besitz redet er realistisch, unverblümt, auch verächtlich. Bewundernswert, wie konsequent er sich der Bevormundung und der Zensur der Erwachsenen erwehrt, wie gelassen er die Veränderungen der Gesellschaft über sich ergehen läßt. Die Geschichte sieht er eher geringschätzig an, nimmt den Napoleon und den Kaiser Wilhelm im Vorbeigehn mit und vergißt sie wieder. Bedeutender und erstaunlicher kommt ihm die Schnecke vor.

Der Kinderreim zweifelt an sich selber nicht. Er ist sich seiner Sache sicher. Darin hat er recht; er ist heute die einzige poetische Form, deren unmittelbarer Nutzen auf der Hand liegt. Er wird gebraucht. Alles ist noch unentdeckt: das eigene Gesicht, die eigenen Finger, die Tiere, die Jahreszeiten, das Wetter, die Berufe. Der Reim verhilft dem Kind dazu, sich in dieser Welt einzurichten, ihrer Herr zu werden. Essen und Einschlafen, Sprechen und Fragen, Gehen und Zählen, Schaukeln und Spielen sind Künste, die der Reim ihm kunstvoll zuträgt. Daher kommt seine Würde, die eines Gebrauchsgegenstandes; daher seine Härte, seine Festigkeit, sein Eigensinn, seine Lebenskraft. Für diese Lebenskraft fehlt es nicht an Beweisen. Zwei Weltkriege, enorme Bevölkerungs-Umschichtungen, technologische Veränderungen bis in die letzten Winkel des Alltags haben dem Kinderreim nichts anhaben können. Untersuchungen aus den letzten Jahren (zum Beispiel Ruth Lorbes Abhandlung über *Das Kinderlied in Nürnberg*) haben gezeigt: der Kinderreim hat einen starken Magen. Seine Verbreitung hat eher zu- als abgenommen. Er schöpft aus dem Vollen, er kommt ohne Subvention und ohne kulturelles Fischbein aus.

Die Gedichtschreiber des zwanzigsten Jahrhunderts haben das gemerkt. Die „Sinnlosigkeit“ so mancher Kinderreime stört sie nicht. Sollte am Ende mehr an ihnen sein, als Logik und Pädagogik sich träumen lassen? In einer Zeit, die alles Vergangene an die Kandare der Reproduktion gelegt hat, der alle Überlieferung zuhanden ist und zuschanden wird, ist das Dasein des Kinderreims einzigartig: es bittet uns an den ältesten Tisch und setzt uns das Frischeste vor. Unbedenklich haben die Poeten zugegriffen: der steife Eliot so gut wie der Seiltänzer Cocteau; die grillenhafte Edith Sitwell, der sentimentalische Supervielle; der große Brecht, der muntre Ringelnatz; die gewalttätigen und die gutherzigen Surrealisten Breton, Jacob, Desnos; die Dada-Väter, Hans Arp allen voran; Gabriela Mistral und Federico García Lorca; die spitzfindigen Franzosen Philippe Soupault und Jean Tardieu; der polnische Purzelbaum-Poet Julian Tuwim; und von den Heutigen deutscher Sprache, um nur ein paar zu nennen, Erich Fried, Wolfgang Weyrauch, Peter Rühmkorf und Günter Grass.

Was ist es, das einem heutigen Poeten am Kinderreim so gut gefällt? Die waghalsigsten Vergleiche ließen sich auftun, und sie sind versucht worden, um die seltsame Vetternschaft zu erhärten, die hier entstanden scheint. Nicht neu sind die Hypothesen, die ähnliche Wahlverwandschaften zwischen dem Kritzeln und Malen der Kinder auf der einen, der Produktion der modernen Kunst auf der andern Seite etablieren möchten. So ließen sich, auch was den Vers angeht, Strukturen und Muster gegeneinanderstellen. Der Begriff einer zweiten Naivität, wie Kleist ihn aufgerichtet hat, bietet sich an. Wie die moderne Poesie hört auch der Kinderreim mehr auf seine eigene Logik und stellt sich taub gegen die des Aristoteles; befreit die Worte aus ihrer alltäglichen Dienstbarkeit; schlägt den glatten Regeln der Schulweisheit ein Schnippchen ums andere; zaubert rhythmische Figuren, die nicht mit dem Öl der Akademien gesalbt sind.

Doch sollte man es mit solchen Analogien nicht zuweit treiben. „Anna Blume“ ist nicht auf demselben Stamm gewachsen wie „Ene bene Bohnenblatt“ und „Rote Rosen, rote, die blühn an einem Stengel“. Auf den Kinderreim kann sich niemand, auch nicht die moderne Poesie, wie auf eine Autorität berufen; und ganz und gar fatal wird der Vergleich, wenn er aufs Archaische zielt, mit dem wir es angeblich durch unsre Zivilisation verdorben haben sollen. Nein, was einem heutigen Gedichtschreiber am Kinderreim gefällt, ist sein schönes und zähes Leben. Er wird gebraucht und nicht geschont; kommt auf der Straße vor und im Bett; hat es nicht nötig, veranstaltet und rezitiert zu werden; wehrt sich seiner Haut; schielt nicht; gibt keine Preise; nimmt keine Preise; hat keinen Preis. Das ist das wahre Leben für ein Gedicht, sagt sich der Schreiber und geht vertraulich mit dem Kinderreim um, als verstünde sich das von selbst. Und es versteht sich. Wo sonst in der Welt wächst Poesie am grünen Holz!

Überlieferung

Jahrhundertelang sind die alten Kinderreime ganz und gar mündlich überliefert worden. Daran ist zu merken, daß das einfache Weitersagen kein so gebrechliches Vehikel ist, wie es einem Zeitalter vorkommen mag, das alles beliebig vervielfältigen und archivieren kann. Wer aber hat die Reime weitergesagt, und wem? Sicher sind die Kinder dabei nicht unter sich geblieben. Was sich früh einprägt, haftet lange; so werden die Eltern ihren Söhnen und Töchtern vorsagen, was sie auf die gleiche Art erfahren haben. Auch die Großeltern mögen früher eine große Rolle bei dem Geschäft des Weitersagens gespielt haben. Ihnen wurden und werden die Jüngsten gern anvertraut. Erstaunlich bleibt, bei aller Anpassung und Variation, die Konstanz der Texte über lange Zeiträume hinweg. Die Kinder selber sind es, die auf dem „richtigen", dem einmal zuerst vernommenen Text eigensinnig beharren. Alles wollen sie öfter, wollen es immer wieder hören: aber es soll beim Alten bleiben. Kein Philolog nimmt es damit genauer als ein Kind. Vielleicht ist mündliche Überlieferung nicht möglich ohne so konservative Zuhörer, ohne die Forderung, „das Wort sie sollen lassen stan".

Die erste gedruckte Sammlung deutscher Kinderreime ist der Anhang zum dritten Bande des *Wunderhorns*. Arnims und Brentanos großartiges Werk ist bereits von historischer Reflexion geprägt, vom Pathos des Bewahrens durchdrungen. Es ist nicht eigentlich ein Buch für Kinder. Dem Jahrhundert der Aufklärung, von barocken Zeiten zu schweigen, waren die Kinderreime nicht geheuer. Sie waren ihm nicht philiströs genug. Die frühe deutsche Kinderliteratur stammt von Kunstdichtern dritten und vierten Ranges: sie ist erbaulich und belehrend, kleinbürgerlich und bieder, und ohne eine Spur von Poesie. Die englischen chap-books, winzige hübsche Heftchen, das Stück einen Penny, geschmückt mit schönen kleinen Bildchen, zwischen 1750 und 1850 an jeder Straßenecke den Kindern feilgeboten, frei von allem pädagogischen und philologischen Ehrgeiz, jedes eine kleine Arche des Kinderreims – sie sind auf dem Kontinent ohne Vergleich.

Erst die romantische Bewegung hat in Deutschland Leuten, die lesen und schreiben konnten, zu der Einsicht verholfen, daß es Kinderreime gab; mit dieser Einsicht begann die Überlieferung im Druck. Die Germanisten, die Heimatforscher und später die Volkskundler kamen zuhauf und machten sich an ein eifriges Sammeln. Was verdanken wir nicht alles diesen rührenden Männern, die in Gymnasialprogrammen und Provinzverlagen auf vielen hundert Seiten, schön numeriert, ihr Lebenswerk publizierten! In Arolsen und Lahr, in Troppau und Kiel, in Mülhausen und Hermannstadt sind diese vergilbten Bände erschienen. Wohl fünfzigtausend Nummern macht der Fundus aus, den sie zusammengetragen, treulich in selbsterfundener Lautschrift aufgezeichnet und mit vielen Anmerkungen versehen haben. Das Quellenverzeichnis zu diesem Buch nennt die Namen jener verdienstvollen Leute, von denen die meisten lang vergessen sind. Sie haben an die Wissenschaft gedacht, vielleicht auch an uns, die Nachwelt; aber an die Kinder nicht. Abgesehen vom *Wunderhorn* und von Karl Simrocks *Deutschem Kinderbuch* hat bis zur Jahrhundertwende keine deutsche Sammlung Rücksicht auf die genommen, deren Eigentum der Kinderreim ist und bleibt. So sind die trefflichen Forscher unter sich geblieben. Kein Kind hat ihre Bücher (alle waren sie unbebildert) in die Hand genommen.

Absicht

„Ihr bloßes Dasein reicht hin, sie zu schützen", sagten in ihrer Vorrede zur zweiten Auflage die Brüder Grimm von ihren *Kinder- und Hausmärchen.* Das gilt auch für die Kinderreime. Sie sind, vom Paternoster abgesehen, vermutlich überhaupt die bekanntesten und verbreitetsten Texte, die es in gebundener Rede gibt. Die berühmtesten Gedichte der Welt haben es nicht so weit gebracht, daß jeder sie in- und auswendig weiß. „Mariechen saß auf einem Stein" ist sicherer bei uns aufgehoben als die *Marienbader Elegien.* Der Kinderreim hat keinen Konservator und kein Denkmal nötig. So kann und mag auch dieses Buch kein Thesaurus sein, der etwas Abgeschloßnes zu überliefern im Sinne hätte. Ein solches Repositorium, in dem alle bekannten Kinderreime verzeichnet wären, könnte für die Wissenschaft zwar von Nutzen sein; Kinder und Eltern aber, wenn sie es überhaupt zur Hand nähmen, hätten nichts davon als Langeweile und Überdruß. Kindern und ihren Eltern aber ist dieses *Allerleirauh* in allererster Linie zugedacht, als ein handliches und bequemes Requisit, das dem alltäglichen Vergnügen seiner Leser und Betrachter dienen will.

Eine Sammlung von Kinderreimen ist das erste Buch, mit dem ein Kind es zu tun hat. Ehe sein erstes Jahr herum ist, kann es sich mit den einfachen Spielen unterhalten, die der Kinderreim ihm verschafft. Er genießt Gunst und Ansehen, noch ehe vom Lesen die Rede ist. Deswegen ist der Text des Buches zuerst und zunächst für das Auge der Eltern eingerichtet. Vorlesen kommt vor dem Lesen. Aber auch für die erste und wichtigste Zeit seines Gebrauchs soll das erste Buch kein abstrakter Zwischenträger bleiben. Will es als Ding geschätzt und geliebt werden, so muß es Bilder haben. Während die Eltern ihm die Schrift entziffern, findet das Kind im Bilde wieder, was es hört. Später, wenn es erst lesen kann, wird es selber eins zum andern fügen.

Auswahl

Auf Vollständigkeit will diese Sammlung nicht hinaus. Sie wäre weder Kindern noch Eltern zu wünschen. Im Unterholz der unzähligen Varianten und Wanderstrophen fände kein Leser sich zurecht. Aus dem Wildwuchs also hieß es einen Garten machen. Aber wie? Woran bestimmt sich, was zu wählen, was zu verwerfen war? Behaglich ist die Frage nicht; denn sie schließt die Forderung nach Kritik ein. Können Kinderreime überhaupt Gegenstand der Kritik sein, und welches wären ihre Maßstäbe? Wenn es wahr ist, daß der Kinderreim ein vorliterarisches Leben hat, wie soll ein literarisches Urteil über ihn recht behalten können? Zum andern: wenn Poesie darin steckt, so doch nicht ohne Unterschied.

Zu unterscheiden ist manches deutlich, selbst auf den ersten Blick. Wer Kinderreime aus vielen Sprachen kennt, wird über ihren erstaunlichen Übereinstimmungen doch auf die verschiedene Tönung, Farbigkeit, Grundierung merken, die einem jeden Lande eigen ist. Reicher, satter, barocker als der deutsche ist der spanische Kinderreim; voller tönend, rhythmisch genauer der italienische; vollendeter, auch spitzfindiger der französische; der dänische eher weich und milchig; der norwegische klarer, altertümlicher; toller Humor, Spleen, Erfindungsgabe zeichnet die englischen Reime aus. Dagegen erscheint die deutsche Überlieferung rustikaler, zuweilen plump und unförmig, fast immer aber starkfarbig und herzhaft.

Ausgeschieden wurden zuerst Reime, die bloß wiederholen, ohne zu fördern, vermehren, ohne zu bereichern, eintönig leiern, ohne zu beschwören. Ausgeschieden wurde das von Erwachsenen eingeschwärzte Falschgeld des Gefühls: „Jesukindlein klein, / mach mein Herzchen rein, / laß Niemand drin wohnen / als Jesus, Maria und Joseph allein." Die meisten sogenannten Kindergartenlieder gehören zu derartigem Schmuggelgut; sie haben in einer Sammlung von Kinderreimen nichts zu suchen.

Moralische Bedenklichkeiten sind für unsere Auswahl kein Gesichtspunkt gewesen. „Meine Mutter, die Alte / mit ihrem stumpfen Fuß / ist sieben Jahr im Himmel gwest, / kommt nun wieder raus. / Ist das nicht ein Deibelsweib, /

daß sie nicht im Himmel bleibt?" – Das ist vielleicht unter unsern Kinderreimen nicht der beste; aber die Frage, ob er aufgenommen werden soll, wird nicht durch seine Respektlosigkeit entschieden. Was dem besorgten Pädagogenblick dreist oder bösartig vorkommen mag, ist meistens weiter nichts als unbestochene Wahrnehmung.

Noch weniger als die Moral hat bei der Auswahl die Logik mitzureden. Schon Goethe hat anläßlich des *Wunderhorns* etwas griesgrämig vom „Unsinn der Beschwörungsformeln" gesprochen. Spätere Sammler vollends sahen das Kinderchinesisch mancher Abzählverse und den Nonsense der Kettenreime mit ratlosem Unbehagen an. Wir, durch viele Jahrzehnte absurder Poesie, automatischer Texte und Lautgedichte gewitzt und erfrischt, heißen die verkehrte Welt, das Lügenmärchen, den Kinderreim vor und hinter der Logik freudig willkommen.

Letzten Endes aber weiß jedes Kind, daß es „gute" und „schlechte" Reime gibt. Ein guter Reim ist immer zu brauchen; er enthält immer eine Entdeckung, mag sie im Gesumm der Wörter, im Aufglänzen der Sprache, im Rhythmus oder in der Anschauung liegen. Wo also etwas aufspringt oder aufgedeckt wird, da gilt es zuzugreifen. Nicht ein fehlerloser Strophenbau, keine technische Vollkommenheit entscheidet über den poetischen Wert dieses Reimes oder eines andern. Gut ist, was dem Kind Welt als Sprache zuträgt und kenntlich macht: jede Silbe eine Überraschung, ein winziges Wunder.

Textgestalt

Für die Herstellung der Texte gilt, daß Philologie bei ihr im Spiel sein, doch nicht das letzte Wort behalten soll. Auch dort, wo frühere Sammler sie redlich aufgeschrieben haben, sind Kinderreime mündlich nach ihrer Natur. Von dem, was mündlich schwebt, kann es historisch-kritische Editionen nicht geben. Der erste Gassenjunge, der den authentischen, vermeintlich definitiven Text nach seiner Laune zurechtsingt, straft ihn Lügen. Er ist der Herr des Kinderreims, die Wissenschaft ist seine Magd. Die entscheidende Instanz der Treue ist nicht die Vorlage, sondern das Ohr.

„Jeder, der sich mit ähnlicher Arbeit befaßt", heißt es bei den Brüdern Grimm, „wird es übrigens begreifen, daß dies kein sorgloses und unachtsames Auffassen kann genannt werden, im Gegenteil ist Aufmerksamkeit und ein Takt nötig, der sich erst mit der Zeit erwirbt, um das Einfachere, Reinere und doch in sich Vollkommenere von dem Verfälschten zu unterscheiden. Verschiedene Erzählungen haben wir, sobald sie sich ergänzten und zu ihrer Vereinigung keine Widersprüche wegzuschneiden waren, als eine mitgeteilt, wenn sie aber abwichen, wo dann jede gewöhnliche ihre eigentümlichen Züge hatte, der besten den Vorzug gegeben." Von manchen Kinderreimen gibt es dutzendweis Varianten. Aus ihnen war die reichste (nicht ohne weiteres die umfangreichste) zu wählen. Rhythmisch verstümmelte oder melodisch erloschene Zeilen konnten zuweilen aus den Lesarten ergänzt und verbessert werden. Weichen die Varianten so weit voneinander ab, daß jede von ihnen sich gegen die andre behauptet, so sind möglichst ihrer zwei abgedruckt. Das gilt vor allem für die sogenannten Wanderstrophen, die vom Brückenspiel bis zum Auszählreim, vom Kniereiter bis zur Kinderpredigt überall wie ein Echo zu vernehmen sind.

Eine entschiedene Mundart ist nirgends hochdeutsch reguliert worden; doch sind die meisten Reime über ganz Deutschland verbreitet. In solchen Fällen haben wir die überall verständliche Form der regional beschränkten vorgezogen. Oft haben die alten Sammler bereits behutsam eingegriffen: denn der größte Teil des gedruckt Vorhandenen zeigt keine reinen Dialektformen, sondern eher Färbungen. Möglichst genaue Lautumschriften der einzelnen Mundarten haben wir nicht versucht: sie sind ohne diakritische Zeichen ohnehin nicht zu erreichen. Die Orthographie soll eher ausgleichend als beengend wirken. Nie darf freilich der Rhythmus dadurch nivelliert werden. Wie in der Grimmschen Märchensammlung finden sich hier auch Stücke, die ganz und gar einem bestimmten Dialekt angehören. Sie sind in der Minderzahl; meist stammen sie aus dem Niederdeutschen und aus der Schweiz, also aus den Randgebieten der deutschsprechenden Länder. Auf die

Gefahr hin, daß sie in anderen Gegenden unverstanden bleiben, wollten wir die reiche Überlieferung dieser Mundarten nicht ganz versäumen.
Die Erfahrung zeigt übrigens, daß die fremde Mundart, wenn sie nicht allzu entfernt ist, der Aufnahme und Verbreitung der Reime nicht im Wege steht. Halbverstandenes wird adaptiert und umgedichtet, phonetische Unterschiede schleifen sich aus, Orts- und Personennamen werden eingebürgert oder vergessen. Zu dieser Freiheit des Gebrauchs seien alle Leser dieses Buches, die sich etwa zum Schwarz-auf-Weißen gehalten glauben, ausdrücklich eingeladen.

Gliederung

Die souveräne und anarchische Phantasie der Kinderreime macht alle Versuche zunichte, sie konsequent einzuteilen. Historische, landschaftliche, formale, thematische und funktionelle Kategorien erleiden gleichermaßen Schiffbruch. Es ist eine Lust zu sehen, wie diese Reime bisher noch über jeden ihrer Ordner die Oberhand behalten haben. Die buntscheckige Vielfalt vereitelt alles Sortieren.
Dieses Buch ist für seine Benutzer da. Deswegen ist die Reihenfolge der Reime so festgelegt worden, wie der Gebrauch es verlangt. Hier endlich, und hier allein, darf eine pädagogische Denkungsart ins Spiel kommen. Das Leichte gehört an den Anfang, das „Schwierige“ an den Schluß. Auf diese Weise ist das Buch zu seinen elf Kapiteln gekommen. In den drei ersten stehen Reime für ganz kleine Kinder. Ans Lesen ist da nicht zu denken, schon das Vorlesen wäre zuviel für ein einjähriges Geschöpf. Doch schon mit einem Jahr kennt und braucht ein Kind seine *Ersten Spiele;* es muß *Zu Tisch, zu Bett,* und wenn auf gar keine andre Art mehr Ruhe ins Haus zu bringen ist, werden die Eltern es mit einem *Kniereiter* versuchen.
Ein wenig später reichen Geduld und Neugier schon weiter; dann ist es Zeit, ein paar Sachen vorzulesen und auf *Entdeckungen* auszugehen. Was eine Nuß, was ein Storch und was ein Fuchs ist, möchten wir mit drei Jahren doch ganz gerne wissen. Nicht anders ist es mit Regen und

Sonne, Winter und Sommer; Weihnachten und Fastnacht sollen nicht fehlen, wenn es zu den *Jahreszeiten* kommt. Wie verschieden die Leute sind, stellt sich bald heraus; sie sind aber allesamt zum Lachen. Neugier und *Schabernack* sind unzertrennliche Geschwister.
Die nächsten drei Kapitel sind für Kinder da, die anfangen, auf eigene Faust die Welt zu entziffern. Den Vier- bis Sechsjährigen ist es in allerhand Geheimsprachen wohl; Kauderwelsch und Zungebrecher stehen in hohem Ansehen; die Buchstabier- und Zählkunst wird erprobt. Man nimmt es mit Rätseln und mit andern *Klugen Sachen* auf. Auch zum Spielen braucht man die Erwachsenen nicht mehr, dagegen den Auszählreim, der unter der Überschrift *Bicke backe bei* zu finden ist. Man wird ganz gut mit sich und seinesgleichen fertig und kann selber, im *Ringelspiel,* Braut und Bräutigam, Mann und Frau vorstellen.
Mit sechs und sieben pfeift man herzlich auf Wiegenlieder und anderen Kleinkram. Mit dem Kinderreim braucht es deswegen noch nicht vorbei zu sein. So gut wie der Pfarrer in der Kirche kann man bis dahin selber predigen, so gut wie die Erwachsenen, nur lustiger, selber lügen. Lügenmärchen und Kinderpredigt und mancher andere kunterbunte Unfug zaubern einem selber und den andern *Blaue Wunder* vor. Und was die Romane der Erwachsenen betrifft, so stehen ihnen die *Erzählchen und Balladen* nicht nach, die am Schluß des Buches stehen; gräßliche und lachhafte, traurige und rührende, harmlose und haarsträubende Sachen kommen darin vor, zum Aussuchen.

Illustration

Jedes Kind weiß: Bücher ohne Bilder sind langweilig, nur Erwachsene haben Spaß an ihnen. Bilder also; aber was für Bilder? Eins ist sicher, wenn die Bilder etwas taugen sollen, muß etwas darauf sein. Wo ist der Apfel? Wo ist das Schiff? Deutlich soll es zu sehen sein, aber am liebsten so, daß noch etwas zu suchen, mitzuwirken bleibt. Kinder mögen gern Farbfotos, aber nicht lange. Sie lassen der Einbildungskraft keinen Platz; erst locken sie, bald aber öden sie an. An ihnen gibt es nichts zu entziffern. Die liebsten

Bilder haben etwas vom Rebus, vom Vexierbild an sich, sind klein und genau im Detail wie alte Briefmarken. „Solche Bilder kennen Kinder wie ihre Tasche, sie haben sie so genau durchwühlt und das Innerste zu äußerst gekehrt, ohne das kleinste Fädchen oder Fetzchen zu vergessen.“ Das kann man bei Walter Benjamin, der ein großer Kenner war, lesen. Die *Aussicht ins Kinderbuch,* die er gegeben hat, fährt fort: „Und wenn im kolorierten Kupferstich die Phantasie des Kindes träumerisch in sich selber versinkt, führt der schwarzweiße Holzschnitt es aus sich heraus. Mit der zwingenden Aufforderung zur Beschreibung, die in dergleichen Bildern liegt, rufen sie im Kind das Wort wach. Wie es aber diese Bilder mit Worten beschreibt, so ‚beschreibt‘ es sie in der Tat. Es bekritzelt sie. Anders als jedes Farbige ist ihre Fläche gleichsam nur andeutend bestellt und einer gewissen Verdichtung fähig. So dichtet denn das Kind in sie hinein. Es lernt an ihnen zugleich mit der Sprache die Schrift: Hieroglyphik.“

Wo aber das Gewünschte finden? Unsere Kinderreim-Sammlungen aus dem neunzehnten Jahrhundert haben keine Bilder; frühere gibt es nicht. Was unser eigenes Jahrhundert den Kindern in Holz geschnitten angeboten hat, ist Kunstgewerbe oder völkisch verrottete Imitation. Da hat es England besser. Die alten chap-books, die ein Jahrhundert lang den nursery rhyme unter die Leute brachten, waren allesamt illustriert; und zum guten Glück fiel ihre Zeit mit einer Blütezeit der englischen Graphik zusammen. Diese Schätze haben wir gesichtet und genutzt. Viel davon ist Unbekannten zu verdanken, anonymen Holzschneidern, deren Ruf nicht weiter drang als bis an die Ohren der Drucker, die ihre Arbeiten ausgemünzt haben. Die älteste Illustration in diesem Buch stammt aus dem Jahre 1744, die jüngste ist vor hundert Jahren entstanden. Den Löwenanteil aber bestreitet ein Künstler, in dessen Werk diese alte Holzschnittradition ihren Gipfelpunkt erreicht hat: der große Thomas Bewick. Er hat von 1753 bis 1828 gelebt und nicht nur Kinderbücher, sondern auch zoologische Werke illustriert, Stempel und Embleme geschnitten, Wappen und Firmenschilder entworfen. Wenigstens die Hälfte unsrer Bilder, auch ein gut Teil des Buchschmucks, ist ihm und seinem Bruder John zu verdanken.

Danksagung

Unser *Allerleirauh* hat zwei Vorbilder. *Des Knaben Wunderhorn* hat allen künftigen Sammlungen ein Maß der Treue und der Freiheit angesichts der Überlieferung gesetzt. Sowenig Arnim und Brentano sich von pedantischem Respekt gegen das bloß Vorhandene einschüchtern ließen, so sorgfältig haben sie sich vor aller Willkür gehütet. Sie sind die eigentlichen Entdecker des deutschen Kinderreims.

Für die Anlage und die Gestalt des Buches ist uns Iona und Peter Opies *Oxford Nursery Rhyme Book* mustergültig gewesen. Diese vortreffliche englische Sammlung hat uns erst auf die Tradition der chap-books und auf die einzigartige Holzschnittüberlieferung aufmerksam gemacht, die in England den Kinderreim erleuchtet hat. Mr. und Mrs. Opie kennen und billigen den Plan dieses Buches; für ihre freundliche Hilfe sind wir ihnen und ihrem Verlag, der Clarendon Press in Oxford, Dank schuldig.

Zu danken ist ferner der Bibliothek und dem Photographischen Dienst des Britischen Museums, sowie der Bibliothek des Germanischen Nationalmuseums in Nürnberg für ihre geduldige Unterstützung; Frl. Dr. Ruth Lorbe in Nürnberg hat mit Ratschlägen und Hinweisen geholfen; Mr. Leslie Shepard in London kostbare Vorlagen aus seinem Besitz für die Reproduktion der Bilder zur Verfügung gestellt.

„Wir wünschen euch allen einen goldenen Wagen,
damit ihr könnt ins Himmelreich fahren.
Wir schreiben euch auf ein Lilienblatt:
Gott geb euch all eine gute Nacht!“

Frankfurt, im Mai 1961

H. M. E.

REGISTER

J

K

L

M

N

O

P

Q

R

S

U

V

W

Z

Quellenverzeichnis

Andree, R. Braunschweigische Volkskunde. 2. Auflage. Braunschweig 1901.

Arnim, A. v. Des Knaben Wunderhorn. Alte deutsche Lieder, gesammelt von *A. v. A. und C. Brentano.* Drei Bände. Heidelberg 1806–1808.

Bartsch, K. Sagen, Märchen und Gebräuche aus Mecklenburg. Zwei Bände. Wien 1880.

Birlinger, A. Nimm mich mit! Kinderbüchlein. Zweite, ganz umgearbeitete Auflage. Freiburg im Breisgau 1871.

Böhm, M. Volkslied, Volkstanz und Kinderlied in Mainfranken. o. O. 1928.

Böhme, F. M. Deutsches Kinderlied und Kinderspiel. Volksüberlieferungen aus allen Landen deutscher Zunge. Leipzig 1897.

Bösch, H. Kinderleben in der deutschen Vergangenheit. Monographien zur deutschen Kulturgeschichte, Band V. Leipzig 1900.

Brentano, C. Siehe *Arnim, A. v.*

Cock, A. de, und Teirlinck, I. Kinderspel en Kinderlust in Zuid-Nederland. Acht Bände. Gent 1902–1908.

Curtze, L. Volksüberlieferungen aus dem Fürstenthum Waldeck. Arolsen 1860.

Dillmann, J. Hunsrücker Kinderlieder und Kinderreime. Ein Beitrag zur Volkskunde. Frankfurt am Main 1909.

Dillmann, J., und Wehrhan, K. Vierzehn Engel fahren. Kinderlieder, Frankfurt gesammelt. Frankfurt am Main 1923.

Dittmar, H. Der Kinder Lustfeld. 2. Auflage. Bielefeld 1872.

Dunger, H. Kinderlieder und Kinderspiele aus dem Vogtlande. 2. Auflage. Plauen im Vogtland 1894.

Drosihn, F. Deutsche Kinderlieder und Verwandtes aus dem Munde des Volkes, vornehmlich in Pommern gesammelt. Leipzig 1897.

Enders, H. Ringa Ringa Reia. Kinderlieder und Kinderspiele. Wien 1924.

Erk, L. Deutscher Liederhort. Auswahl der vorzüglicheren Deutschen Volkslieder, nach Wort und Weise aus der Vorzeit gesammelt. Neu bearbeitet und fortgesetzt von *F. M. Böhme*. Drei Bände. Leipzig 1893–1894.

Erlach, F. K. v. Die Volkslieder der Deutschen. Eine vollständige Sammlung der vorzüglichen deutschen Volkslieder. Fünf Bände. Mannheim 1834–1836.

Eskuche, G. Siegerländische Kinderliedchen. Aus Volksmund gesammelt und erläutert. Siegen o. J. (1897).

Feldigl, F. Fromm' und fröhlich' Jahr. Sammlung von süddeutschen Kinder- und Volksreimen, Volkssprüchen und Volksspielen, in vier selbständigen Teilen herausgegeben. München o. J. (ca. 1915).

Fiedler, E. Volkslieder und Volksreime in Anhalt-Dessau. o. O. 1847.

Firmen-Richartz, J. M. Germaniens Völkerstimmen. Sammlung der deutschen Mundarten in Dichtungen, Sagen, Märchen etc. Drei Bände. Berlin o. J. (bis 1866).

Fischer, H. Alte hoch- und niederdeutsche Volkslieder. Zwei Bände. Stuttgart 1844–1846.

Frischbier, H. Preußische Volksreime und Volksspiele. Berlin 1867.

Frömmel, O. Kinderreime. Zwei Hefte. Leipzig 1899–1900.

Grote, L. Aus der Kinderstube. Niedersächsisches Kinderbuch. 2. Auflage. Hannover 1872.

Handelmann, H. Volks- und Kinderspiele aus Schleswig-Holstein. 2. Auflage. Kiel 1874.

Harten, J. v. Rosengaarn. Plattdütsche Kinnerriemels. Köln 1919.

Herzog, H. Allemannisches Kinderbuch. Lahr 1885.

Höhr, A. Siebenbürgisch-sächsische Kinderreime und Kinderspiele. Beilage zum Programm des Bischof-Teutsch-Gymnasiums in Segesvár. Nagyszeben 1903.

Jakob, F. A. L. Deutschlands Spielende Jugend. Sammlung von mehr als 430 Kinderspielen. 2. Auflage. Leipzig 1879.

Jöde, F. Ringel Rangel Rosen. 150 Singespiele und 100 Abzählreime, nach mündlicher Überlieferung gesammelt. Leipzig 1913.

Kinderwelt. Dichtungen aus der Kinderwelt. Altherkömmliche Lieder, Erzählungen und Singspiele für die Kinder. Hamburg 1813.

Klump, O. Kinderlieder aus alter und neuer Zeit. 2. Auflage. Stuttgart 1853.

Knapp, W. Kinderlieder aus dem Nassauer Lande. Aumenau (Lahn) 1909.

Koller, L. Heimatbuch des Bezirkes Hollabrunn, Niederösterreich. Von einer Lehrergemeinschaft. Zweiter Teil. Hollabrunn 1951.

Kristensen, E. T. Dansk Börnerim, Remser og Lege. Aarhus 1898.

Kühn, M. Machet auf das Tor! Alte deutsche Kinderlieder, Reime, Scherze und Singspiele. Königstein o. J. (etwa 1912).

Fontaine, E. de la. Die luxemburger Kinderreime. Luxemburg 1877.

Lewalter, J. Deutsches Kinderlied und Kinderspiel. In Kassel aus Volksmund in Wort und Weise gesammelt. Kassel 1911.

Lorbe, R. Das Kinderlied in Nürnberg. Versuch einer Phänomenologie des Kinderliedes. Nürnberger Forschungen, 3. Band. Nürnberg 1956.

Meier, E. Deutsche Kinder-Reime und Kinder-Spiele aus Schwaben. Aus dem Volksmunde gesammelt. Tübingen 1851.

Opie, I., und P. The Oxford Dictionary of Nursery Rhymes. Oxford 1951.

Opie, I. und P. The Oxford Nursery Rhyme Book. Oxford 1955.

Peter, A. Volksthümliches aus Österreichisch-Schlesien. I. Band: Kinderlieder und Kinderspiele, Volkslieder und Volksschauspiele, Sprichworte. Troppau 1865.

Petsch, R. Das deutsche Volksrätsel. Straßburg 1917.

Pocci, F., und Raumer, F. v. Alte und neue Kinderlieder. Leipzig o. J. (1852).

Richter, A. Über deutsche Kinderreime. Mitteilungen der Deutschen Gesellschaft in Leipzig. VI. Band. Leipzig 1877.

Rochholz, L. E. Alemannisches Kinderlied und Kinderspiel aus der Schweiz. Gesammelt und sittengeschichtlich erläutert. Leipzig 1857.

Runkel, O. Lasset uns singen. Aus dem Volksmund gesammelt. Leipzig 1928.

Saalfeld, G. A. Aus der Jugendzeit. Sammlung echter deutscher Kinderlieder alter und neuer Zeit. Danzig 1888.

Scheible, J. Die gute alte Zeit. Kinderfeste und Kinderspiele der Urzeit. Das Kloster. Band VI. Stuttgart 1847.

Scherer, G. Deutsches Kinderbuch. Leipzig 1905.

Schläger, G. Badisches Kinderleben in Spiel und Reim. Karlsruhe 1921.

Schön, F. Kinderlieder und Kinderspiele des Saarbrücker Landes. Saarbrücken 1909.

Schollen, M. Volksthümliches aus Aachen. Volks- und Kinderlieder. Aachen 1881.

Schumann, C. Volks- und Kinderreime aus Lübeck und Umgebung. Lübeck 1899.

Simrock, K. Das deutsche Kinderbuch. Altherkömmliche Reime, Lieder, Erzählungen, Übungen, Räthsel und Scherze für Kinder. Frankfurt am Main 1842. 2. vermehrte Auflage Frankfurt am Main 1857.

Smidt, H. Wiegenlieder, Ammenreime und Kinderstubenscherze in plattdeutscher Mundart. Bremen 1859.

Stahl, W. Volkskinderlieder aus Lübeck und Umgegend. 2. Auflage, Lübeck 1925.

Stöber, A. Elsässisches Volksbüchlein. Kinderwelt und Volksleben in Liedern, Sprüchen, Räthseln, Spielen, Märchen, Schwänken, Sprichwörtern usw. Zweite stark vermehrte Auflage. Erstes (einziges) Bändchen. Mülhausen 1895.

Strackerjan, L. Aus dem Kinderleben. Spiele, Reime, Räthsel. Oldenburg 1851.

Stückrath, O. Nassauisches Kinderleben in Sitte und Brauch, Kinderlied und Kiederspiel. Wiesbaden 1932.

Teirlinck, I. Siehe *Cock, A. de.*

Van Vlothen, J. Nederlandsche Baker- en Kinderrijmen. 3. Auflage. Leiden 1874.

Wehrhan, K. Frankfurter Kinderleben in Sitte und Brauch, Kinderlied und Kinderspiel. Wiesbaden 1929.

Wehrhan, K. Kinderlied und Kinderspiel. Handbücher zur Volkskunde IV. Leipzig 1909.

Wehrhan, K. Siehe auch *Dillmann, J.*

Wolgast, H. Schöne alte Kinderreime. Für Mütter und Kinder ausgewählt. München o. J. (etwa 1911).

Wossidlo, R. Mecklenburgische Volksüberlieferungen. III. Band. Kinderwartung und Kinderzucht. Wismar 1906.

Wrede, A. Rheinische Volkskunde. Leipzig 1919.

Wriede, P. Plattdeutsche Kinder- und Volksreime. Hamburg 1919.

Wurth, J. Kinderlieder und Kinderreime aus Niederösterreich. Leipzig 1906.

Zingerle, I. Das deutsche Kinderspiel im Mittelalter. 2. Auflage. Innsbruck 1873.

Zoder, H. Kinderlied und Kinderspiel aus Wien und Niederösterreich. Wien 1924.

Züricher, G. Kinderlieder der Deutschen Schweiz. Nach mündlicher Überlieferung gesammelt und herausgegeben. Schriften der Schweizerischen Gesellschaft für Volkskunde. Band XVII. Basel 1926.

Züricher, G. Kinderlied und Kinderspiel. Bern 1951.

Mein Märchen ist aus,
da läuft eine Maus,
fang sie und mach dir
ein Pelzmützchen draus.

Inhalt

Geschichten, Sammlungen, Märchen und Abenteuer

Aladin und die Wunderlampe
Aus dem Arabischen von Enno Littmann. Mit Illustrationen einer französischen Ausgabe von 1001 Nacht von 1865/66. it 199

Ali Baba und die vierzig Räuber
und die Geschichten von den nächtlichen Abenteuern des Kalifen aus 1001 Nacht. Aus dem Arabischen von Enno Littmann. Mit Illustrationen einer französischen Ausgabe von 1001 Nacht von 1865/66. it 163

Hans Christian Andersen. Märchen meines Lebens. Eine Skizze
Aus dem Dänischen von Michael Birkenbihl. Mit Andersen-Porträts. it 356

Ambrose Bierce. Mein Lieblingsmord
Erzählungen. Aus dem Amerikanischen von G. Günther. it 39

Die schönsten Anekdoten aus dem Großen deutschen Anekdotenlexikon
Mit Illustrationen. Ausgewählt von Werner Berthel. it 413

Hermann Bote. Ein kurzweiliges Buch von Till Eulenspiegel aus dem Lande Braunschweig. Wie er sein Leben vollbracht hat. Sechsundneunzig seiner Geschichten.
Herausgegeben, in die Sprache unserer Zeit übertragen und mit Anmerkungen versehen von Siegfried H. Sichtermann. Mit zeitgenössischen Illustrationen. it 336

Clemens Brentano
Das Märchen von Fanferlieschen Schönefüßchen
Mit acht Radierungen von Max Beckmann. it 341

Gottfried August Bürger. Wunderbare Reisen zu Wasser und zu Lande. Feldzüge und lustige Abenteuer des Freiherrn von Münchhausen. Mit Holzschnitten von Gustave Doré. it 207

Wilhelm Busch. Kritisch-Allzukritisches
Gedichte. Ausgewählt von Theo Schlee. Mit Illustrationen von Wilhelm Busch und einem Nachwort des Herausgebers. it 52

Lewis Carroll, Briefe an kleine Mädchen
Aus dem Englischen übersetzt und herausgegeben von Klaus Reichert. Mit Fotografien des Autors. it 172

Geschichten, Sammlungen, Märchen und Abenteuer

Lewis Carroll. Geschichten mit Knoten
Herausgegeben und übersetzt von W. E. Richartz. Mit Illustrationen von Arthur B. Frost. it 302

James Fenimore Cooper. Lederstrumpf
Bearbeitung der Übersetzung von E. Kolb durch Rudolf Drescher. Mit Illustrationen von D. E. Darley. it 179/180/181/182/183

Alphonse Daudet. Tartarin von Tarascon
Die wunderbaren Abenteuer des Tartarin von Tarascon.
Mit Zeichnungen von Emil Preetorius. it 84

Daniel Defoe. Robinson Crusoe
Mit Illustrationen von Ludwig Richter. it 41

Deutsche Heldensagen.
Nacherzählt von Gretel und Wolfgang Hecht. Mit einem Nachwort und Illustrationen. it 345

Deutsche Märchen
Vor und nach Grimm
Herausgegeben mit einem Nachwort und Anmerkungen von Ninon Hesse. it 427

Die deutschen Volksbücher. Wiedererzählt von Gustav Schwab.
Mit Illustrationen der Ausgabe von 1859. 3 Bände im Schmuckschuber. it 380

Charles Dickens. Oliver Twist
Aus dem Englischen von Reinhard Kilbel. Mit einem Nachwort von Rudolf Marx und 24 Illustrationen von George Cruikshank. Vollständige Ausgabe. it 242

Die großen Detektive
Detektivgeschichten mit Auguste Dupin, Sherlock Holmes und Pater Brown. Herausgegeben und mit einem Nachwort von Werner Berthel. Mit Illustrationen von George Hutchinson. it 101

Die großen Detektive II
Herausgegeben von Werner Berthel. Mit Illustrationen. it 368

Alexandre Dumas. Der Graf von Monte Christo
Mit Illustrationen von Pavel Brom und Dagmar Bromova.
Zwei Bände. it 266

Geschichten, Sammlungen, Märchen und Abenteuer

Die Erzählungen aus den Tausendundein Nächten
Einleitung von Hugo von Hofmannsthal. Vollständige Ausgabe in zwölf Bänden. Nach dem arabischen Urtext der Calcuttaer Ausgabe aus dem Jahre 1839 übertragen von Enno Littmann. Mit farbigen Miniaturen. it 224

Manuel Gassers Köchel-Verzeichnis
Kulinarische Erinnerungen und Erfahrungen mit vielen seltenen Rezepten. Mit Illustrationen von Heinz Edelmann. Vierfarbendruck. it 96

Manuel Gasser. Das Kräuterbuch
Mit farbigen Illustrationen von Rebecca Berlinger. it 377

Manuel Gasser. Die Küche meiner Tante Mélanie
Französische Hausmannskost von anno dazumal. Mit Illustrationen von Boris von Borodine. it 192

Manuel Gasser. Spaziergang durch Italiens Küchen
Mit vierfarbigen Illustrationen von Manfred Seelow. it 391

Gebete der Menschheit
Religiöse Zeugnisse aller Zeiten und Völker. Herausgegeben von Alfonso M. di Nola. Zusammenstellung und Einleitung der deutschen Ausgabe von Ernst Wilhelm Eschmann. it 238

Gesta Romanorum. Das älteste Märchen- und Legendenbuch des christlichen Mittelalters.
Herausgegeben und eingeleitet von Hermann Hesse. it 316

Grandville. Bilder aus dem Staats- und Familienleben der Tiere
Zwei Bände. Mit einem Nachwort von Karl Riha. it 214

Wilhelm Hauff. Märchen
Band I und II. Herausgegeben von Bernhard Zeller. Mit Illustrationen von Theodor Weber, Theodor Hosemann und Ludwig Burger. it 216/217

Das kalte Herz und andere Texte der Romantik. Mit einem Essay von Manfred Frank und Illustrationen. it 330

Hexen-, Zauber- und Spukgeschichten aus dem Blocksberg
Mit Holzschnitten aus dem 17. Jahrhundert. Herausgegeben von Wolfgang Möhrig. it 402

Geschichten, Sammlungen, Märchen und Abenteuer

Kasperletheater für Erwachsene.
Herausgegeben von Norbert Miller und Karl Riha. it 339

Liebe Mutter
Eine Sammlung von Elisabeth Borchers. it 230

Lieber Vater
Eine Sammlung von Gottfried Honnefelder. it 231

Das Buch der Liebe
Gedichte und Lieder ausgewählt von Elisabeth Borchers. it 82

Geschichten der Liebe aus den 1001 Nächten
Aus dem arabischen Urtext übertragen von Enno Littmann. Mit acht farbigen Miniaturen. it 38

Alte und neue Lieder
mit Bildern und Weisen. Herausgegeben von Johannes Bolte u. a. Mit Illustrationen von Ludwig Richter, Otto Ubbelohde, Moritz v. Schwind u. a. it 59

London. Das Bild einer europäischen Metropole
Herausgegeben von Norbert Kohl. Mit vielen zeitgenössischen Illustrationen. it 322

Das Lustwäldchen
Galante Gedichte aus der deutschen Barockzeit. Gesammelt und herausgegeben von Franz Blei. it 439

Märchen deutscher Dichter
Ausgewählt von Elisabeth Borchers. it 13

Märchen der Romantik
Mit zeitgenössischen Illustrationen. Herausgegeben von Maria Dessauer. 2 Bände. it 285

Im magischen Spiegel.
Märchen deutscher Dichter aus zwei Jahrhunderten. Erster Band. Herausgegeben von Paul-Wolfgang Wührl. it 347

Merkprosa. Ein Lesebuch
Herausgegeben von Werner Berthel. Mit Vexierbildern aus dem XIX. Jahrhundert. it 283

Geschichten, Sammlungen, Märchen und Abenteuer

Das sehr nützliche Merk-Buch für Geburtstage
Geschmückt mit Bildern von Anita Albus, Monika Beisner, Almut Gernhardt, Arturo Heras, Guillermo Mordillo, Wilhelm Schlote, Walter Schmögner, Hannelore Stirnemann, Oliver Villate, Erna de Vries, Hans Walther u. a. Mit ausgewählten Gedanken und acht oder neun weisen Worten übers Briefeschreiben von Lewis Carroll. Zusammengetragen von Elisabeth Borchers. it 155

Phaïcon 1
Almanach der phantastischen Literatur. Herausgegeben von Rein A. Zondergeld. Mit Illustrationen von Dieter Asmus, Jörg Krichbaum, Friedrich Meckseper, Reiner Schwarz. it 69

Phaïcon 2
Almanach der phantastischen Literatur. Herausgegeben von Rein A. Zondergeld. Mit Illustrationen von Gérard Titus Carmel, Jörg Krichbaum, Jochem Poensgen, Karel Roesel und J.-P. Tripp. it 154

Das Papageienbuch Tuti-Nameh
Eine Sammlung orientalischer Erzählungen, übersetzt von Georg Rosen. it 424

Polaris 3
Ein Science Fiction Almanach. Herausgegeben von Franz Rottensteiner. Mit Illustrationen von András Karakas, György Korga, Jörg Krichbaum, Harry Morris jr., Laszlo Panner, W. Schmögner und R. Sienkiewicz. it 134

Die Sagen der Juden
Gesammelt von Micha Josef bin Gorion. Ausgewählt von Emanuel bin Gorion. it 420

Wolfgang Schadewaldt. Sternsagen
Mit Illustrationen aus dem 18. Jahrhundert. it 234

Gustav Schwab. Die Deutschen Volksbücher
Mit Illustrationen der Ausgabe von 1859. 3 Bände in Kassette. it 380

Gustav Schwab. Sagen des klassischen Altertums
Mit Zeichnungen von John Flaxman. Nachwort von Manfred Lemmer. Drei Bände in farbiger Kassette. it 127

Geschichten, Sammlungen, Märchen und Abenteuer

Walter Scott. Im Auftrag des Königs
Die gefährlichen Abenteuer des Quentin Durward. Mit einem Nachwort von Traude Dienel. Mit Illustrationen. it 188

Die Geschichte von Sindbad dem Seefahrer
sowie von der Messingstadt und von Abu Mohammed dem Faulpelz. Aus dem arabischen Urtext von Enno Littmann. Mit Illustrationen von Gustave Doré u. a. it 90

Sonne, Mond und Sterne
Gedichte, Prosa und Bilder. Auswahl H. Bender. it 170

Robert Louis Stevenson. Die Schatzinsel
Mit Illustrationen von Georges Roux. it 65

Jonathan Swift. Gullivers Reisen
Mit Illustrationen von Grandville und einem Vorwort von Hermann Hesse. Aus dem Englischen übersetzt von Franz Kottenkamp. it 58

Mark Twain. Huckleberry Finns Abenteuer
Vollständige Ausgabe. Mit Illustrationen von Eberhard Binder. Deutsch von Barbara Cramer-Nauhaus. it 126

Mark Twain. Tom Sawyers Abenteuer
Illustriert von Eberhard Binder. it 93

Christian August Vulpius. Rinaldo Rinaldini
Herausgegeben von Karl Riha. Räuberroman. it 426

Das Weihnachtsbuch
Mit alten und neuen Geschichten, Gedichten und Liedern. Ausgewählt von Elisabeth Borchers. Mit vielen Illustrationen. it 46

Das Weihnachtsbuch der Lieder
Mit alten und neuen Liedern zum Singen und Spielen. Ausgewählt von Gottfried Natalis. Mit einem Nachwort von Ernst Klusen. it 157

Die Insel-Weihnachtskassette
Alle Insel-Weihnachtsbücher in einer illustrierten Geschenkassette

Die Weisheit der Lüge
Von Sulchan-Saba Orbeliani. Georgische Fabeln, Märchen und Gleichnisse. Nachwort Elke Erb. it 81

Geschichten, Sammlungen, Märchen und Abenteuer

Wie man lebt und denkt. Herausgegeben von Horst Günther. Mit Illustrationen von Giovanni Batista Bracelli. it 333

Oscar Wilde. Die Erzählungen und Märchen
Übersetzt von Felix Paul Greve und Franz Blei. Mit Zeichnungen von Heinrich Vogeler. it 5

Der Zauberbrunnen. Herausgegeben von Hermann Hesse
Lieder der deutschen Romantik. Mit Illustrationen von Ludwig Richter. it 197

Mein altes Zauberbuch
Taschenspielerkunst. Herausgegeben, kommentiert und mit weiteren Bildern versehen von Alexander Adrion. it 421

Bilderbücher, Geschichten und Cartoons

Karl Arnold. Das Steuermännlein
und andere Bildergeschichten. Mit einem Aufsatz von Ernst Penzoldt. it 105

Friedrich Johann Justin Bertuch. Bilder fremder Länder
Mit farbigen Illustrationen. it 248

Das Buch vom Essen und Trinken
Zusammengestellt und herausgegeben von Karin Kiwus und Hennig Grunwald. it 293

Der Familienschatz
Mit Holzschnitten und Zeichnungen von Ludwig Richter. it 34

Hans Hillmann. ABC-Geschichten von Adam bis Zufall
Bildergeschichten. it 99

Hermann Hesse. Kindheit des Zauberers
Ein autobiographisches Märchen. Handgeschrieben, illustriert und mit einer Nachbemerkung von P. Weiss. it 67

Hermann Hesse. Piktors Verwandlungen
Ein Liebesmärchen, vom Autor handgeschrieben und illustriert, mit ausgewählten Gedichten. it 122

Arturo Heras. Am Anfang war das Huhn
Bildergeschichten. it 185

Konfuzius und der Räuber Zhi
Chinesische Bildergeschichten. Herausgegeben und aus dem Chinesischen übersetzt von E. Harbsmeier. it 278

Aus der Traumküche des Winsor McCay
Einunddreißig Comics. Übersetzt, ausgewählt und mit einem Nachwort versehen von Angela Praesent. it 193

Onkel Lubins Abenteuer
Erzählt und illustriert von W. Heath Robinson. Aus dem Englischen von Reinhard Wagner. it 254

Oski's Buch der Erfindungen
Bildergeschichten. it 227

Insel taschenbücher
Alphabetisches Verzeichnis